Tarah-Lynn Saint-Elien

forever loved

100 ermutigende Andachten

Über die Autorin

Tarah-Lynn Saint-Elien ist Modejournalistin, u.a. bei
der Frauenzeitschrift *Cosmopolitan*, die auch auf
Deutsch erscheint. Ihre Ministry „Adorned in Armor",
die Inhalte und Veranstaltungen für junge Frauen zu
Themen von Mode bis hin zum Glauben produziert,
findet großen Anklang bei ihrer Community. Außerdem ist sie Autorin christlicher Bücher. Saint-Elien
ist Amerikanerin haitianischer Herkunft und lebt
in den USA.

Tarah-Lynn Saint-Elien

FOREVER loved

100 ermutigende Andachten

Aus dem Englischen übersetzt von Eva Weyandt

GerthMedien

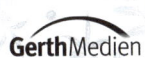

Der Verlag weist ausdrücklich darauf hin, dass im Text enthaltene
externe Links vom Verlag nur bis zum Zeitpunkt der
Buchveröffentlichung eingesehen werden konnten. Auf spätere
Veränderungen hat der Verlag keinerlei Einfluss. Eine Haftung des
Verlags ist daher ausgeschlossen.

Die amerikanische Originalausgabe erschien im Verlag Revell,
a division of Baker Publishing Group, PO Box 6287,
Grand Rapids, Michigan, 49516, U.S.A., unter dem Titel
„Love letters from the King"
All rights reserved.
© 2021 by Tarah-Lynn Adorned, LLC
© der deutschen Ausgabe 2025 by Gerth Medien
in der SCM Verlagsgruppe GmbH,
Berliner Ring 62, 35576 Wetzlar

Für die Bibelzitate wurden, wo nicht anders angegeben,
folgende Übersetzungen verwendet:
Neues Leben. Die Bibel. © 2002, 2006, 2017 SCM R.Brockhaus
im SCM-Verlag GmbH & Co. KG, Witten.
Darüber hinaus wurden folgende Übersetzungen verwendet:
„Hoffnung für alle". © 1983, 1996, 2002, 2015 by Biblica Inc.TM Verwendet
mit freundlicher Genehmigung des Herausgebers Fontis. (Hfa)
Das Buch. Neues Testament, Psalmen, Sprichwörter – übersetzt von
Roland Werner. © 2022 SCM R.Brockhaus in der SCM Verlagsgruppe
GmbH, Holzgerlingen (DB)
Gute Nachricht Bibel, revidierte Fassung, durchgesehene Ausgabe.
© 2000 Deutsche Bibelgesellschaft, Stuttgart. (GN)
Neue evangelistische Übersetzung. © 2014 Karl-Heinz Vanheiden. (NeÜ)
Lutherbibel, revidierter Text 1984, durchgesehene Ausgabe.
© 1999 Deutsche Bibelgesellschaft, Stuttgart. (LU)

1. Auflage 2025
Bestell-Nr. 821105
ISBN 978-3-98695-105-4

Lektorat: Verena Keil
Umschlaggestaltung: Hanni Plato
Umschlagillustration: Oteera / Shutterstock
Satz: Uhl+Massopust, Aalen
Druck und Verarbeitung: Dimograf
Printed in Poland

www.gerth.de

Vorwort

Es gab mal eine Zeit, da klingelte zu Hause noch ein Festnetztelefon, wenn jemand anrief. Dieser Apparat stand meist im Flur.

Jetzt stell dir vor: Es klingelt, und Mia rennt aus ihrem Zimmer und durch den Flur, um den Anruf entgegenzunehmen – bevor es die Eltern oder der Bruder tun. Mia erwartet den ersehnten Call. Voller Hoffnung stolpert sie los … doch dann ist die Enttäuschung groß: Denn *er* war es gar nicht!

So oft sieht Gott, wie Mia – seine Tochter – neben dem Telefon sitzt und das Gerät anstarrt. Die Minuten verstreichen quälend langsam. Manchmal ruft der Junge an. Manchmal hat er eine Ausrede parat. Manchmal schweigt er einfach und meldet sich überhaupt nicht. Mia wartet und wartet und fragt sich: *Was er wohl gerade macht? Mag er mich überhaupt? Hat er vielleicht eine andere? Bin ich möglicherweise gar nicht sein Typ?*

Gott entgeht dies alles nicht – kein einziges Detail. Er ruft immer und immer wieder über die himmlische Hotline bei Mia an, um ihr mitzuteilen, dass er an sie denkt. Doch die Antwort bleibt leider aus.

Später bekommt Mia dann ein Smartphone. Gott schreibt ihr nun himmlische Textnachrichten. Aber er bekommt wieder keine Antwort von ihr.

Mia wartet stattdessen auf Textnachrichten des Jungen.

Du kennst das vielleicht. Ein Junge schickt dir eine Direktnachricht, um zu signalisieren, dass er Interesse an dir hat. Wenn du auch interessiert bist, antwortest du ihm, und dann kann sich eine Beziehung entwickeln.

Aber manchmal bleibt diese Direktnachricht aus. Manchmal ist das Signal zweideutig. Die Hoffnungen zerschlagen sich, und du sitzt herum und heulst dir die Augen aus dem Kopf.

Ich verstehe das total.

Dein Schwarm, deine „bessere Hälfte" oder dein leiblicher Vater haben dir vielleicht das Herz gebrochen. Gott möchte dir mit seiner Liebe helfen, dieses miese Gefühl zu überwinden – das Gefühl, nicht gut genug zu sein, um geliebt, geschützt und wertgeschätzt zu werden. Ich weiß selbst sehr gut: Unendlich viele Botschaften stürmen täglich auf uns ein – und viele erzeugen Gefühle wie Unsicherheit, Verwirrung, Angst, Scham, Traurigkeit. Auch Gott sendet dir pausenlos Botschaften, aber seine Nachrichten sind liebevolle und ermutigende Botschaften. Er möchte dir klarmachen, dass er immer für dich da ist. Immer!

Ich habe „forever loved" für alle Mädels geschrieben, die im Strudel des Alltags und angesichts der verwirrenden Social-Media-Welt nach Antworten suchen. Nach ehrlichen, tragfähigen Antworten. Ich bin überzeugt: Gott, unser liebender Vater, möchte direkt in unsere Lebenssituationen hineinsprechen. Und er baut auch eine Schutzburg um uns herum und wehrt Botschaften ab, die uns schaden und kleinmachen wollen.

Die Andachten in diesem Buch sollen dir eine Hilfe sein, Gott besser kennenzulernen und dich von ihm überreich beschenken zu lassen. Er möchte dir helfen, deine Probleme zu meistern. Du hast einen himmlischen Liebhaber, der die Begegnung mit dir ganz aktiv sucht! Er lässt dich nicht hängen mit der bangen Frage, ob er überhaupt an dich denkt. Du wirst von ihm eine Antwort bekommen. Gott wird jede Möglichkeit nutzen, um dir seine Botschaft zu übermitteln. Sie ist bereits an dich abgeschickt. Du brauchst sie nur noch zu öffnen!

Beim Lesen jedes der 100 Inputs in diesem Buch sollst du spüren, dass Gott dich unendlich liebt. Dafür bete ich! Mögen die Texte dir dabei helfen, mit seiner Hilfe all die Lügen, die Verwirrung, den Herzschmerz und die Erwartungen der Gesellschaft – alles, was dein Herz beschwert – zu verbannen. Gott schenke dir, dass seine heilsame Wahrheit und seine ermutigenden Botschaften immer mehr dein Leben erfüllen.

Also, worauf wartest du noch? Der König des Universums steht schon mit offenen Armen da und hält Ausschau nach dir. Er ist der himmlische Papa, der dir nachgeht und auf dich achtgibt. Bei ihm wirst du immer eine Heimat finden.

Ach so, noch etwas: Heutzutage verständigen wir uns ja viel durch Likes, Kommentare und Direktnachrichten. Diese Art der Kommunikation habe ich in diesem Buch aufgegriffen – Posts aus der Perspektive von Mädels werden jeweils mit einer Art Direktnachricht von mir beantwortet. Das können wir natürlich nicht Eins zu Eins so auf Gott übertragen – Gott antwortet vielleicht nicht immer sofort, auch das wird in diesem Buch deutlich. Aber er spricht immer direkt zu unserem Herzen. Eine solche

Direktnachricht von unserem himmlischen Papa ist auch viel tiefer und viel persönlicher, als eine menschliche Direktnachricht es je sein könnte. Denn niemand kann uns so lieben und uns so seine Aufmerksamkeit zeigen wie Gott.

Viel Segen beim Lesen,
deine Tarah-Lynn

PS.: Am Ende des Buches, ab Seite 222, findest du ein Verzeichnis aller Andachten, und auf Seite 224 ein Stichwortverzeichnis. Vielleicht hilft dir das dabei, die Impulse zu finden, die du gerade am dringendsten brauchst.

Gott will einen frischen Wind durch dein Leben wehen lassen, liebevoller und kraftvoller, als du dir vorstellen kannst! Bist du bereit dafür?

Das kann doch nicht alles sein!

Bäh. Genauso fühle ich mich gerade. In mir ist eine gähnende Leere, und ich will sie füllen – mit irgendetwas oder irgendjemandem. Im Winter ist diese Leere besonders schlimm. „Winter Blues" nennt man das ja. Wissenschaftler sagen, dass wir in der kälteren Jahreszeit öfter down sind, weil unser Körper die Sonne vermisst. Aber auch, wenn der Winter langsam vorbei ist und ich die wärmenden Sonnenstrahlen auf meiner Haut spüre, frage ich mich: Wie kann ein Loch nur so dunkel sein?

– Das Mädchen, das sich leer fühlt

Hey du Liebe,

ja, du sehnst dich nach mehr, weil da mehr sein sollte. Alle Menschen tragen ein solches dunkles Loch in sich. Glaub mir: Diese Leere in dir lässt sich nicht mit Dingen oder Menschen füllen. Hinter dem, was du hier fühlst, steckt eine Sehnsucht nach Gott: nach etwas, das in diesem Leben und darüber hinaus Bestand hat. Dieses Gefühl macht dir deutlich: Du bist noch nicht zu Hause. Du sehnst dich nach einer Liebe, die nur Gott dir geben kann; und die Leere in dir weist dich auf deinen himmlischen Vater hin. Die Sehnsucht hinter dieser Leere durchzieht alles, und will dir Mut machen, unter allen

Umständen den Weg zurück zu ihm – Gott – zu suchen. Nicht zu diesem Jungen oder jener Sache. Nein, zurück zu ihm.

Gott will deine Heimat sein. Er möchte dich ausfüllen, bis deine Sehnsucht ganz gestillt ist. Er wird die Wolken wieder aufreißen und dir sein Licht und seine Wärme zeigen. Es ist Gott, den du vermisst. Und weißt du was? Er vermisst dich auch!

Gott hat allem auf dieser Welt schon im Voraus seine Zeit bestimmt, er hat sogar die Ewigkeit in die Herzen der Menschen gelegt. Aber sie sind nicht in der Lage, das Ausmaß des Wirkens Gottes zu erkennen; sie durchschauen weder, wo es beginnt, noch, wo es endet.

PREDIGER 3,11

Echte und tiefe Erfüllung, die wirklich von Dauer ist, findest du nicht auf Events, in anderen Menschen oder Dingen, sondern nur in Gott.

Du bist genug!

Ich gebe mir Mühe, ein guter Mensch zu sein. Ich setze mich für andere ein. Ich bekomme Lob für meinen ehrenamtlichen Einsatz und bemühe mich immer, etwas zurückzugeben. Wenn ich aber doch mal aus dem Tritt gerate und etwas tue, das nicht gut ist, versuche ich, es wiedergutzumachen. Wirklich! Doch manchmal habe ich einfach das Gefühl, dass mein Bestes nicht gut genug ist – dass nichts, was ich je tun werde, gut genug ist!

– Das Mädchen, das etwas wiedergutmachen will

Hey du Liebe,

Gott bewundert deine Charakterstärke und dein Durchhaltevermögen und freut sich darüber, wie du deine Gaben für ihn einsetzt. Aber bitte tu dies, weil du ihn liebst, nicht, weil du willst, dass er dich liebt. – Wusstest du, dass es in vielen Religionen in erster Linie um gute Taten geht – dass am Ende deine guten Taten deine Fehler überwiegen müssen? Gott dagegen ist so ganz anders! Du brauchst bei ihm deinen Fehler nicht „wiedergutzumachen". Gott liebt dich so sehr, und er möchte nur, dass es dir leidtut, wenn du etwas falsch gemacht hast, und ihn um Verzeihung bittest. Eine Wiedergutmachung ist nicht nötig. Das Reparieren – die Vergebung – übernimmt Gott. Wenn du etwas getan hast, das nicht gut war, geh zu deinem himmlischen Vater.

Gott hat dir sein Herz bereits geschenkt. Nicht wegen deines eigenen Engagements bist du gerettet, sondern weil Jesus bereits alles für dich getan hat. Er hat alles Dunkle besiegt, und er verändert dein Inneres. Er wirkt in dir und durch dich.

Du brauchst dich nicht abzumühen, um seine Liebe zu gewinnen. Du darfst dich im Namen seiner Liebe für andere einsetzen. Zeige den Menschen um dich herum, was er getan hat und durch dich tun kann. Aber ganz ohne Leistungsdruck!

Weil Gott so gnädig ist, hat er euch durch den Glauben gerettet. Und das ist nicht euer eigenes Verdienst; es ist ein Geschenk Gottes. Ihr werdet also nicht aufgrund eurer guten Taten gerettet, damit sich niemand etwas darauf einbilden kann. Denn wir sind Gottes Schöpfung. Er hat uns in Christus Jesus neu geschaffen, damit wir die guten Taten ausführen, die er für unser Leben vorbereitet hat.

EPHESER 2,8-10

Du brauchst dich nicht abzumühen, um Gottes Liebe zu gewinnen; du darfst dich für ihn einsetzen, weil er dir seine Liebe schenkt.

3 Er kann dir das abnehmen

Ich fühle mich total überfordert. Mir wird alles zu viel. Ich habe es satt. Die Liste mit den Dingen, die noch zu tun sind, ist unendlich lang; auf der anderen Seite stehen so viele Dinge, die ich so gern tun würde. Ich fühle mich innerlich so zerrissen! Da sind die Erwartungen meiner Familie, die Anforderungen in der Schule oder auf der Arbeit und dann auch noch meine eigenen Probleme. Ich schufte wie verrückt und trotzdem bleibt immer noch etwas zu tun. So kann es doch nicht weitergehen! Ich bin mit tonnenschwerem Gepäck unterwegs, habe das Gefühl, einen rutschigen Abhang hochklettern zu müssen. Ich kann einfach nicht mehr. Ich trete nur noch auf der Stelle. Kein Mensch auf der Welt kann die Last tragen, die auf mir liegt!

– Das Mädchen mit schwerem Gepäck

Hey du Liebe,

vielleicht kann ich deinen Schmerz nicht nachempfinden, aber ich kann dich auf den Einen hinweisen, der all das bereits selbst durchlebt hat: Jesus. Er hat am Ende dieses schwere Kreuz getragen – nicht nur den Holzbalken, sondern auch all die Lasten, unter denen Menschen leiden. Bis zu seinem Tod am Kreuz hat er all das geschleppt. Jesus weiß deshalb ganz genau, wie es sich anfühlt, eine solche Last tragen zu müssen wie du gerade.

Jesus möchte dir bei jedem einzelnen Problem, mit dem du konfrontiert wirst, beistehen, als wäre es sein eigenes. Also sage mir: Wenn Gott die Last der ganzen Welt auf seinen Schultern tragen kann, sollte er dann nicht auch deine tragen können?

Gott möchte dir deine Last leichter machen; er will dich entlasten! Wie? Indem du sie zu ihm bringst. Wandle deine Aufgabenliste doch mal in ein Gebet um. Lass zu, dass er deine Verletzungen heilend berührt und deine Lasten in seine Hände nimmt. Er möchte das alles heute, morgen, übermorgen und auch in Zukunft tun. Gott will dir dein Gepäck auch dann abnehmen, wenn du glaubst, auch ganz gut allein zurechtzukommen – aber vor allem dann, wenn du das Gefühl hast, es gar nicht zu schaffen. Er will das für dich tun, denn er möchte dir ganz nahe sein, mit seiner Hoffnung, seinem Frieden und seiner Liebe.

Jesus sagte: „Kommt alle her zu mir, die ihr müde seid und schwere Lasten tragt, ich will euch Ruhe schenken. Nehmt mein Joch auf euch. Ich will euch lehren, denn ich bin demütig und freundlich, und eure Seele wird bei mir zur Ruhe kommen. Denn mein Joch passt euch genau, und die Last, die ich euch auflege, ist leicht."

MATTHÄUS 11,28-30

Gott möchte deine Last leichter machen.

Du darfst dich freuen

Mein Leben ist so eintönig, es zieht sich zäh und endlos hin. Manchmal schaffe ich kaum den nächsten Schritt. Ich zähle die Tage bis zum nächsten Highlight und lebe eigentlich gar nicht im Hier und Jetzt. Aber wenn ich ehrlich bin: Ich finde es selbst nicht gut, dass ich ständig dem nächsten großen Event entgegenfiebere. Warum kann ich nicht immer fröhlich sein? Warum kann ich den Augenblick nicht genießen?

– Das Mädchen, das sich im Hier und Jetzt freuen möchte

Hey du Liebe,

du kennst sicher den Song „Don't worry, be happy". Auch in der Bibel lesen wir: „Seid nicht bekümmert, denn die Freude am Herrn ist eure Stärke" (Nehemia 8,10; LU). Mit dem Glück ist das so eine Sache; es ist sehr launisch. Freude dagegen kannst du immer empfinden, auch in diesem Augenblick. Glück ist flüchtig; Freude dagegen ist etwas Langanhaltendes. Alles auf der Erde ist vergänglich, darum werden wir nie einen dauerhaften Zustand des Glücks erreichen können.

Echtes, tiefes Glück können wir nur in Jesus finden. Er ist der Anfang und das Ende; der Eine, der hier auf der Erde lebte, der immer noch lebendig ist, ewig lebt – und eines Tages wiederkommen wird. Und nur er kann uns tiefe Freude schenken.

Genau aus diesem Grund ist Jesus in die Welt gekommen. Er wünscht sich, dass wir uns auf ihn einlassen und unsere Beziehung zu ihm zur obersten Priorität machen, denn nur dann können wir eine Freude erleben, die tiefer reicht als die Freuden, die wir in unserem Alltag erleben. Er möchte uns eine Freude schenken, die uns nicht nur ganz erfüllt, sondern die regelrecht aus uns herausprudelt.

Wenn du also immer so sehnsüchtig auf die nächste Party oder das nächste Highlight wartest, lerne, mehr und mehr auf ihn zu schauen. In ihm wirst du eine Freude finden, die viel tiefer ist als das Hochgefühl, das du bei einer Party erleben kannst.

[Jesus sagte:] „Das alles sage ich euch, damit meine Freude euch erfüllt und eure Freude dadurch vollkommen wird."

JOHANNES 15,11; HFA

Du brauchst nicht nach „mehr" zu suchen, denn Gott möchte dir dieses „Mehr" schenken und es in dir überfließen lassen.

5

Du brauchst dich nicht zu verstecken

Kürzlich stieß ich auf Instagram auf ein Meme, das mich sofort fasziniert hat: Ein Mädchen entfernte ihr sorgfältig aufgelegtes Make-up und damit ihr aufgesetztes Lächeln, sodass ihr eigentliches Ich zum Vorschein kommen konnte. Das sollte lustig sein, aber mich hat es einfach nur traurig gemacht. Denn das ist genau das, was ich empfinde. Ich will sagen, ich habe nicht den Eindruck, dass ich eine Fälschung bin, aber ich kann ganz gut verbergen, was mir zu schaffen macht.

Das ist alles ein bisschen verdreht, aber irgendwie konnte ich das nicht mehr aus meinem Kopf bekommen. Und als ich mich am Ende des Tages abschminkte, wurde ich wieder erinnert – an mich selbst.

– Das Mädchen, das sich nicht mehr verstecken will

Hey du Liebe,

die Probleme, die dich belasten, wirst du nicht lösen können, indem du sie versteckst. Versuche, vor vertrauten Menschen offen mit deinen Schwierigkeiten umzugehen, und zeige dich so, wie du bist.

Deine Familie und deine Freunde verstehen dich vielleicht nicht, aber dein Vater im Himmel versteht dich. Er hat dich schon gekannt, noch bevor du überhaupt entstanden bist. Er weiß, was du denkst, egal, wo du bist und wer du zu sein versuchst. Vor ihm brauchst du kein falsches

Lächeln aufzusetzen oder deine Tränen zurückzuhalten. Du brauchst nicht jemand zu sein, der du nicht bist. Gott nimmt dich an mit deinen Fehlern und Problemen – er nimmt dich so, wie du bist. Vielleicht hast du ja das Gefühl, du kriegst es nicht gebacken. Steh zu allen deinen Gefühlen, zu deinem Schmerz, deinen Ängsten und Unsicherheiten. Sage Gott, wie es dir geht. Nimm deine Maske ab, damit er deine Verletzungen heil machen kann.

Herr, du hast mein Herz geprüft und weißt alles über mich. Wenn ich sitze oder wenn ich aufstehe, du weißt es. Du kennst alle meine Gedanken.
Psalm 139,1-2

Gott nimmt dich so an, wie du bist!

6 Ergreife seine Hand

Hilfe! So viele Entscheidungen muss ich treffen. Manchmal gerate ich in Panik, weil ich nichts falsch machen möchte. Die Angst vor wichtigen Entscheidungen steht mir komplett im Weg, und ich traue mich nicht einmal mehr, eine eher belanglose Entscheidung zu treffen. Mit diesem Druck kann ich sehr schlecht umgehen. Was ist, wenn alle meine Entscheidungen letztlich in eine Sackgasse führen?

– Das Mädchen, das schwer Entscheidung treffen kann

Hey du Liebe,

stimmt, es ist nicht leicht, wichtige Entscheidungen zu treffen. Aber eines steht fest: Wenn du dich entscheidest, auf Gott und seine Wegweiser zu schauen, dann wird er dir die richtige Richtung zeigen.

Hab Mut und lass zu, dass Gott dich führt.

Du hast es in der Hand: Geh zu deinem himmlischen Papa, dann wird er dir Orientierung geben. Das ist es doch, was du dir wünschst. Ja, mit deinen eigenen Ohren wirst du seinen liebevollen Rat hören. Er wird mit dir gehen, dich leiten und dir helfen, wenn dir alles zu viel wird. Er wird dir zeigen, was jetzt dran ist. Das Einzige, was du tun musst: ihn in deinem Leben an die erste Stelle setzen.

Hab keine Angst zu stolpern und hinzufallen; er wird immer da sein und dich auffangen. Probleme im Leben wird es immer geben, aber vertraue darauf, dass Gott dir zeigen wird, wie du sie überwinden kannst – durch Worte der Bibel, Ratschläge von reifen Christen oder auf andere Weise. Auch wenn du stolperst und hinfällst: Du bist trotzdem stets fest in seiner Hand.

Deine Entscheidungen werden nicht immer easy sein, und vielleicht triffst du manchmal auch eine falsche Entscheidung. Aber solange Gott der Mittelpunkt in deinem Leben ist, wird er nicht zulassen, dass du es ein für alle Mal vermasselst oder in einer Sackgasse landest, sondern er bleibt an deiner Seite – heute und in Zukunft.

Vertraue von ganzem Herzen auf den Herrn und verlass dich nicht auf deinen Verstand. Denke an ihn, was immer du tust, dann wird er dir den richtigen Weg zeigen.

SPRÜCHE 3,5-6

Wenn du deine Antennen auf das richtest, was Gott dir sagen möchte, brauchst du keine Angst davor zu haben, eine falsche Entscheidung zu treffen.

Dein Neustart

Ich stecke gerade richtig fest. Meine Vergangenheit fühlt sich so vertraut an, aber ich weiß ja, dass ich dahin nicht zurückkehren kann. Es tut weh, doch ich kann nicht anders: Ich muss immer wieder an die früheren Zeiten denken, die guten wie die schlechten. Das ist mir vertraut. Mein Schmerz ist mir ebenfalls vertraut. Ich habe zwar Hoffnung für die Zukunft, trotzdem hänge ich irgendwie an dem, was ich kenne, und kann mich schlecht auf Neues einlassen.

– Das Mädchen, das nicht loslassen kann

Hey du Liebe,

weißt du was? Ich glaube, die herausfordernden Zeiten, die du gerade erlebst, sollen dir helfen, offen zu werden für Neues, das dir tagtäglich entgegenströmt. Das mag unbequem sein, trotzdem hat es auch sein Gutes. Es hilft dir nämlich, dich neu auszurichten, und das, was früher war, loszulassen. Wenn du immer nur zurückschaust, siehst du nicht, wo du hingehst. Du kannst dich dann nicht weiterentwickeln, weil du es versäumst, all die Möglichkeiten in den Blick zu nehmen, die sich dir bieten. Ich mach dir Mut: Du darfst dich öffnen für neue Wege, Aufgaben und Herausforderungen, weil Jesus dich immer unterstützen wird!

Gott möchte dir helfen, dich von Vergangenem zu lösen, und dich in neue Dinge hineinführen. Und er will dich mit allem versorgen, was du brauchst. Er möchte die Leere in dir füllen und dir ein lohnenswertes Ziel schenken. Du wirst ganz neu lernen, was Freiheit ist – du wirst eine Freiheit spüren, wie du sie noch nie erlebt hast. Gott hat uns Menschen versprochen, Altes zu erneuern, und was er versprochen hat, das hält er auch! Du wirst es erleben, es sei denn, du hinderst ihn daran. Bitte Gott, dich zu leiten, wenn du zusammen mit ihm deine Zukunft planst. Er wird einen frischen Wind durch dein Leben wehen lassen. Bist du bereit dafür?

Gott spricht: „Seht hin; ich mache etwas Neues; schon keimt es auf. Seht ihr es nicht? Ich bahne einen Weg durch die Wüste und lasse Flüsse in der Einöde entstehen."

JESAJA 43,19

Gott wird dich in einen neuen Lebensabschnitt führen, und für diese Zeit möchte er dich mit allem ausrüsten, was du brauchst. Sei offen für das, was er dir mitteilen will.

Schüttele deine Scham ab

Wenn jemand herausfinden würde, wer ich wirklich bin; wenn ans Licht käme, was ich getan habe – und immer noch tue – das wäre mein Ende. Ich kann nicht auf das Vergangene zurückschauen, ohne dass die Erinnerungen mich quälen. Da ist so viel Negatives – es wird mir einfach zu viel. Ich kann es kaum ertragen, in den Spiegel zu schauen. Und jeden Tag mein Spiegelbild vorgehalten zu bekommen, ist für mich gerade unerträglich!

– Das Mädchen mit der dunklen Geschichte

Hey du Liebe,

schau auf Gott und vergiss niemals: Seine Liebe ist immer da. Du kannst sie nicht verlieren. In unserer Gesellschaft bekommst du vielleicht keine zweite Chance, aber bei Gott ist das ganz anders. Seine Gnade hört nie auf, und jeder Tag bietet dir aufs Neue die Gelegenheit, für ihn zu leben. Als du dich entschieden hast, Gott in dein Leben zu lassen, hat er all das, worüber du dir jetzt Sorgen machst, von dir weggenommen. Du brauchst dich also nicht hinter deiner Schwachheit zu verstecken. Du kannst zu deiner Schwachheit stehen, weil Jesus Wunder tun kann.

Also, Kopf hoch! Wirf die Last, die auf deinen Schultern liegt, auf ihn. Überlass Gott deine Scham, die dich quält, und die Furcht, die dich festhalten will. Gott verlangt doch gar nicht von dir, dass du perfekt bist. Seine Liebe zu dir ist vollkommen, du selbst brauchst nicht makellos zu sein.

Die von Gott Hilfe erhoffen, werden vor Freude strahlen, und sie werden nicht vor Scham erröten.

PSALM 34,6

Keine Sache, die du tust, könnte Gott dazu bringen, dich weniger zu lieben.

9 Er kennt deinen Namen

In Filmen sieht man immer wieder Mädels, die die Initialen ihres Schwarms in einen Baumstamm ritzen. Früher habe ich den Anfangsbuchstaben von dem Jungen, in den ich verknallt war, mit dem von meinem verschlungen an den Rand meines Notizbuchs gemalt. Aber ganz ehrlich, er kannte mich überhaupt nicht. In den seltensten Fällen kennen die angesagtesten Jungs die Namen der Mädels, die für sie schwärmen. Als ich älter wurde, kritzelte ich die Initialen nicht mehr auf Papier, sondern schickte den Namen in Textnachrichten verschlüsselt an meine beste Freundin. Das alles war immer nur Träumerei. Mein Mr Right hat meine Zuneigung nicht erwidert – ich war eine von vielen ... oder zu ängstlich oder zu schüchtern.

– Das Mädchen, das den Jungen nie bekommt

Hey du Liebe,

Gott kennt jedes lebendige Wesen in seiner Schöpfung mit Namen, aber ganz besonders kennt er die Namen seiner Kinder. Es ist egal, wie du dich fühlst; er kennt dich und du gehörst für immer zu ihm.

Er ist an deiner Seite. Er weiß, wo du gerade bist und wie es dir geht. Er erwidert deine Liebe nicht nur: Seine Liebe zu dir ist ewig, bedingungslos und einzigartig.

Eine solche Liebe wie seine gibt es nirgends auf der Welt.

Niemand kann dich so lieben wie er! Gott hat deinen Namen in seine Handflächen geschrieben, weil du sein Herz erobert hast.
Keine Baumrinden-Initialen, keine geheime Textnachricht, kein Liebesbrief der Welt kann es mit seiner Liebe zu dir aufnehmen. Dein Name ist für immer eingezeichnet in seine Hände. Es ist unmöglich, dass er je die Menschen vergisst, die er „seine Kinder" nennt!

Gott spricht: „Ich habe dich unauslöschlich in meine Hände eingezeichnet."

JESAJA 49,16; GN

Nichts und niemand kann deinen Namen aus Gottes Handflächen ausradieren.

Er lebt in dir!

Ich behaupte mal, dass ich so ziemlich up to date bin. Ich kann beinahe aus jedem aktuellen Film zitieren, höre alle möglichen Musikstile und ich beschäftige mich auf Social Media viel mit den neusten Trends. Da bin ich echt leidenschaftlich. Aber manchmal wird mir das alles auch zu viel. So viele Infos auf Insta, Tiktok, YouTube und Co stürmen auf mich ein!

– Das Mädchen, das eine echte Leidenschaft für Mode und Trends hat

Hey du Liebe,

sicher kennst du den Film „König der Löwen", nicht wahr? Das Thema Befreiung zieht sich durch viele Filme und Bücher. Und eine der Botschaften dieses Zeichentrickfilms lautet: „Der Vater lebt in dir". Deine innere Unruhe soll dich daran erinnern, dass ER – DER HIMMLISCHE VATER – in dir lebt, und dass er in deinem Herzen ein Zuhause finden und dir Ruhe schenken möchte. Gott möchte, dass wir Raum für ihn schaffen. Wir können uns freuen, dass wir zu Jesus gehören dürfen. Wenn die Menschen in unserem Umfeld nicht spüren, dass Jesus in unserem Leben der Mittelpunkt ist, liegt das vielleicht auch daran, dass wir uns zu sehr von den Trends unserer

Zeit beeinflussen lassen. Dass uns das, was gerade angesagt ist, wichtiger ist als Jesus. Doch wenn wir auf Gott schauen, hilft er uns, ihn immer besser kennenzulernen.

Wenn wir Ja zu Jesus gesagt haben, sollten wir darauf achten, was unser geistliches, körperliches, emotionales und geistliches Wohlbefinden beeinträchtigt. Unser Körper, unsere Seele und unser Geist sind so wertvoll für Gott! Er möchte nicht, dass wir uns überfordern und uns selbst schaden.

Erkennt ihr denn nicht, dass ihr der Tempel Gottes
seid und dass der Geist Gottes in euch wohnt?
Gottes Tempel ist heilig, und ihr seid dieser Tempel.

1. KORINTHER 3,16-17

Dein Herz ist ein Palast, und der Thron darin ist nur
für den König aller Könige bestimmt – für den einzigen und
wahren Gott. Behalte ihn im Blick!

Gott trocknet deine Tränen

Ich bin unendlich traurig, ich könnte nur noch heulen. Ich weiß nicht, wie ich darüber hinwegkommen soll! Eigentlich kann ich gerade überhaupt nichts sehen. Die Tränen haben meinen Blick vernebelt und jede Hoffnung ist in mir erloschen. Ich weiß nicht, was schlimmer ist: Der Grund, weshalb ich weine, oder dass ich keine Schulter habe, an der ich mich ausweinen kann.

– Das Mädchen, das keine Hoffnung mehr hat

Hey du Liebe,

du darfst dir sicher sein: Gott ist für dich da wie sonst keiner auf der Welt. Als David aus dem Alten Testament niemanden hatte, der ihm helfen wollte, wandte er sich an Gott. David erlebte eine bedrückende und schlimme Zeit, er war am Tiefpunkt seines Lebens angekommen. Tiefer konnte er nicht mehr fallen. Doch er wusste, dass er immer zu Gott rufen kann. Gott antwortete ihm, und er wird auch dir antworten.

Auch wenn dein Schmerz so groß ist, dass du ihn nicht mehr ertragen kannst: Gott kann ihn lindern und heilen. Er weiß, wie es dir geht, und sieht, wenn du in tiefer Verzweiflung in dein Kissen weinst. Er zählt jede Träne – die, die auf dein Kissen tropfen, und auch die, die du dir

verstohlen aus dem Gesicht wischst. Lass die Tränen fließen, du brauchst sie nicht zurückzuhalten. Gott sammelt sie in seinem Krug.
Gott möchte dir in deiner Verzweiflung begegnen und dich trösten. Er verspricht dir, dass du in ihm immer einen Halt finden wirst.

Du zählst alle meine Klagen. Sammle alle meine Tränen in einem Gefäß. Du hast doch jede einzelne in deinem Buch festgehalten.

PSALM 56,9

**Du darfst immer zu Gott rufen;
er sieht deine Tränen!**

„Ich will das alles nicht!"

Ich habe das Gefühl, mich immer nur im Kreis zu drehen. Ständig stellen sich mir Hindernisse in den Weg, denen ich dann ausweichen muss. So viele Veränderungen in so kurzer Zeit! Das ist einfach nur noch frustrierend und so sinnlos! Ich will das nicht! Nicht jetzt, nicht morgen und auch nicht übermorgen. Kann das bitte jemand stoppen?

– Das Mädchen, das keine Veränderung mag

Hey du Liebe,

wenn etwas Unerwartetes geschieht, sagen wir schnell: „Das soll nicht passieren, das will ich nicht!" – als könnten wir bestimmen, wie die Dinge laufen sollen, als hätten wir unser Leben in der Hand. Aber so ist es nun mal nicht – und das ist gut so! Unerwartete Ereignisse machen uns bewusst, dass wir Menschen sind, und dass unser Gott, der immer derselbe ist, alles in seiner Hand hält.

Klammere dich nicht an die Vorstellung, wie die Dinge deiner Meinung nach laufen sollten, sondern überleg mal, wie du mit dieser Veränderung umgehen willst. Wenn Jesus bei uns ist, können wir sogar aktiv eine Veränderung herbeiführen! Du kannst erleben, wie befreiend es ist, wenn wir uns von unseren Erwartungen lösen, und uns auf etwas einlassen, das uns nicht vertraut ist. Versuche nicht krampfhaft, für alles eine Erklärung zu finden, sondern vertraue Gott ganz bewusst – in jeder Situation. Was in unserem Leben geschieht, haben wir nicht in der Hand, aber wir können selbst bestimmen, wie wir auf bestimmte Dinge und Ereignisse reagieren. Zieh nicht den Kopf ein, wenn etwas nicht so läuft, wie du es gern hättest. Wie wir auf Veränderungen reagieren, bestimmt unsere Situation – und verändert unsere Einstellung. Wenn wir vor den unerwarteten Ereignissen kapitulieren, nehmen wir Gott die Möglichkeit, uns zu zeigen, dass er uns so führt, wie es gut für uns ist.

Jesus Christus ist gestern,
heute und in Ewigkeit derselbe.

HEBRÄER 13,8

Das Leben verändert sich ständig, doch Jesus bleibt immer
derselbe und hat alles in der Hand – in jeder Sekunde!

Warum nicht alles so lassen, wie es ist?

Ich habe Stunden damit zugebracht, mein Foto zu bearbeiten. Aber zuerst musste ich das beste Foto aus den hundert aussuchen, die ich gemacht habe. Danach legte ich los: Ich machte meine Taille ein klein wenig schmaler. Ich bearbeitete meinen Bauch, der sich über meine Jeans wölbte – Mann, ich kann kaum glauben, dass ich vergessen hatte, ihn einzuziehen! Anschließend brachte ich etwas Glanz in meine Augen und retuschierte alle Flecken. Endlich war ich zufrieden mit meinem Bild und konnte es posten. Das war zwar eine Menge Arbeit, aber hey, jetzt ist alles so, wie es sein sollte!

– Das Mädchen, das zu den Facetune-Profis gehört

Hey du Liebe,

du hast sehr viel Zeit damit verbracht, dein Foto zu bearbeiten. Gott schaut dich an, in diesem Moment. Er sehnt sich danach, dass du ihm dein Gesicht zuwendest. Glaub mir doch, wenn ich dir sage, dass du sein Meisterwerk bist!

In den sozialen Netzwerken wird „Perfektion" erwartet. Aber wofür eigentlich? Warum verbringen so viele Mädels und Frauen Stunden damit, diese „Perfektion" künstlich zu erzeugen? Gott hat mich und dich doch vollkommen geschaffen! Ich persönlich habe kein Problem mit minimalen Bearbeitungen. Aber überleg doch mal, ob deine „Verschönerungen" das Bild, das du von dir selbst hast, möglicherweise verfälschen – und dir außerdem Zeit rauben, die du mit deinem Vater im Himmel verbringen könntest.

Wenn wir unsere Zeit damit verbringen, eifrig unser Erscheinungsbild zu bearbeiten, versäumen wir es meist, an unserer Seele zu arbeiten. Schönheit ist nämlich etwas, das in erster Linie in uns drinsteckt! Gott lädt dich ein zu entdecken, was wirklich schön macht: in seiner Gegenwart zu verweilen und ihn zu dir sprechen zu lassen. So wirst du immer mehr Freude daran haben, seine Nähe zu suchen, und nicht mehr deine Zeit damit vergeuden, dein Erscheinungsbild an irgendein Ideal anzupassen.

Eine einzige Bitte habe ich an Gott: Ich sehne mich danach, solange ich lebe, in seinem Haus zu wohnen, damit ich seine Freundlichkeit erleben und in seinem Tempel zur Ruhe kommen kann.

NACH PSALM 27,4

Anstatt mein Äußeres für Postings zu bearbeiten, will ich lieber an der Schönheit meiner Seele arbeiten – damit ich von innen heraus leuchten kann.

Morgenmuffel

Ich bin ein echter Morgenmuffel. Mir fehlt am Morgen einfach die Energie, mich auf eine Kommunikation mit wem auch immer einzulassen – auch nicht mit Gott. Sicher, Gott ist die Antwort, heißt es, aber wie kann er meine Kraft sein, wenn ich nicht einmal die Kraft aufbringe, mich an ihn zu wenden? Ich bin zu müde, um auch nur über den Tag nachzudenken.

– Das Mädchen, das früh nicht aus dem Bett kommt

Hey du Liebe,

freu dich doch, wenn du am Morgen aufwachst! Gott schenkt dir einen neuen Tag und möchte ihn an deiner Seite verbringen. Er möchte wissen, worauf du dich freust. Er möchte deine Bitten hören. Sei offen für ihn, dann wird er dir Kraft für alles schenken. Jeder Tag bietet dir die Gelegenheit, Gott besser kennenzulernen und ihm immer tiefer zu vertrauen. Jeden Morgen beginnt ein neuer Tag, an dem du ihm eine neue Chance geben kannst. Und an dem du dir all das bewusst machen kannst, was er alles für dich tut und bereits getan hat: Gutes und Wundervolles. Nimm dir ein paar Minuten Zeit, Gott für dein Leben zu danken, und bitte ihn, dich durch den Tag zu leiten.

Dies ist der Tag, den Gott gemacht hat, und es wird ein wundervoller Tag werden, weil Jesus (und nicht das Koffein) dir die Kraft geben wird, ihn zu bestehen!

Lass mich schon am Morgen deine Gnade erfahren,
denn ich vertraue auf dich. Zeige mir einen Weg,
den ich gehen soll, denn ich habe dich darum gebeten.

PSALM 143,8

Gott ist deine Kraft und deine Hilfe – jeden Tag!

Mach dir keine Sorgen

Ich mache mir viele Sorgen um Dinge, über die ich keine Kontrolle habe (und ja, das sind ziemlich viele!). Ich möchte mich gern sicher fühlen – ich meine, wer will das nicht? Aber andererseits weiß ich, dass meine Familie kaum das nötige Geld für unseren Lebensunterhalt aufbringen kann. Da gibt es Krankheiten, die Gott scheinbar nicht heilt, und da ist auch diese Angst, die mich überfällt, wenn ich abends im Bett liege. Meine Sorgen quälen mich, und ich frage mich, wann das alles endlich vorbei ist.

– Das Mädchen, das sich immerzu Sorgen macht

Hey du Liebe,

eine meiner liebsten Stellen in der Bibel ist Matthäus 6,25-34. Jesus gibt uns dort einen kurzen Einblick in die Schöpfung, die er so sehr liebt, und sagt dann: „Deshalb sorgt euch nicht um morgen, denn jeder Tag bringt seine eigenen Belastungen. Die Sorgen von heute sind für heute genug."

Warum willst du deine Sorgen und Lasten allein tragen? Wenn wir immer nur an morgen denken und uns nicht am Heute freuen können, überfordern wir uns und vergeuden unsere Zeit. Unser Sorgengeist hat uns im Griff, und das macht deutlich, dass wir Gott nicht voll und ganz vertrauen.

Die Vögel und die Blumen machen sich keine Sorgen darüber, was sie fressen oder wie sie wachsen sollen. Gott versorgt sie, und es geht ihnen gut. Unser Vater im Himmel kennt unsere geheimsten Wünsche und Bedürfnisse und wird auch uns alles geben, was wir brauchen. Die Sorge überfällt uns, wenn wir Gott aus dem Blick verlieren, aber wenn wir ihn in unserem Leben an die erste Stelle setzen, dann lernen wir wieder neu, über ihn zu staunen.

Jesus sagte: „Sorgt euch nicht um euer tägliches Leben – darum, ob ihr genug zu essen, zu trinken und anzuziehen habt. [...] Schaut die Vögel an. Sie müssen weder säen noch ernten noch Vorräte ansammeln, denn euer himmlischer Vater sorgt für sie. Und ihr seid ihm doch viel wichtiger als sie. Können all eure Sorgen euer Leben auch nur um einen einzigen Augenblick verlängern? Nein."

MATTHÄUS 6,25-27

Die Sorge überfällt uns, wenn wir Gott aus dem Blick verlieren, aber wenn wir auf ihn schauen, lernen wir wieder neu, ihm zu vertrauen.

Quälende Gedanken

Ich denke nach. Das kann ich gut. Oder doch nicht? Nein, das kann ich sogar *sehr gut*. Siehst du? Nicht einmal hierbei kann ich klar denken! Egal, was ich tue – oder nicht tue –, meine Gedanken wirbeln ständig wild durcheinander. Ich bin so verwirrt. Mein Leben wird bestimmt von Ängsten. In meiner blühenden Fantasie male ich mir immer das schlimmste Szenario aus. Ich denke über Dinge nach, über die ich gar nicht nachdenken sollte. Aber ich bin machtlos dagegen. Immer wieder bekomme ich zu hören, ich solle meine Gedanken kontrollieren, aber die Tipps, wie ich zur Ruhe kommen kann, greifen bei mir nicht.

– Das Mädchen, das zu viel nachdenkt

Hey du Liebe,

was du erlebst, ist mit einem Krieg zu vergleichen. Ein verworrener Krieg, denn deine Gedanken sind nicht sichtbar und greifbar. Das ist dein wunder Punkt, und an dieser Stelle bist du besonders leicht angreifbar. Die bedrückenden Gedanken kommen in den unpassendsten Augenblicken, weil wir sie nicht steuern können. Sie stürzen uns in tiefe Verwirrung, lähmen uns und können am Ende die Oberhand gewinnen. Gott kann dir helfen, diesen Gedankenkreislauf zu durchbrechen. Wenn du erst einmal erkannt hast, dass du diese Schlacht nicht allein gewinnen kannst, bist du in der Lage, auf Gottes Waffenarsenal zurückzugreifen. Du kannst jeden quälenden Gedanken in die Schranken weisen, damit du frei bist zu tun, was Jesus möchte! Und wie geht das? In Epheser 6,17 werden wir aufgefordert, den Helm der Rettung aufzusetzen und das Schwert zu ergreifen, das Gottes Geist uns gibt – sein Wort. Heute kann der Anfang vom Ende deines quälenden Gedankenkarussells sein. Wenn du auf Gott schaust, müssen diese zerstörerischen Gedanken mehr und mehr weichen.

Wir sind zwar Menschen, doch wir kämpfen nicht mit menschlichen Mitteln. Wir setzen die mächtigen Waffen Gottes und keine weltlichen Waffen ein, um menschliche Gedankengebäude zu zerstören.

2. KORINTHER 10,3

Erlaube deinen Gedanken nicht, die Kontrolle über dich zu haben! Gott hat dir die Macht gegeben, gegen alles, was zerstörerisch ist, anzukämpfen – mit Glauben, mit seiner Wahrheit und seinem Wort. Lies mal Epheser-Brief, Kapitel 6.

Die Welt braucht dich!

Ich wünschte, ich würde aussehen wie sie, gehen wie sie, reden wie sie, mich kleiden wie sie. Ich wünschte, ich würde wie sie die Aufmerksamkeit auf mich ziehen; hätte alles so, wie sie ... Ich wünschte, ich wäre nicht ich; nicht so, wie ich bin.

– Das Mädchen, das gerne jemand anderes wäre

Hey du Liebe,

Gott hat dich nicht wie SIE gemacht, weil er dich genau so schaffen wollte, wie DU bist. Es gibt auf der Welt niemanden wie dich, niemanden, der so aussieht wie du und der deine DNA hat. Niemanden, der das tun kann, wofür Gott gerade DICH geschaffen hat. Niemand kann diese besondere Aufgabe so meistern wie du.

Die Menschen brauchen DEINE Augen, damit sie Gottes Licht erkennen, und das, was er für uns Menschen getan hat. Die Menschen brauchen DEINE Nase, damit sie den Gestank der Täuschung wahrnehmen und den angenehmen Duft seiner Gegenwart einatmen können. Die Menschen brauchen DEINE Lippen, die von seiner Liebe erzählen, die nie zu Ende ist, und von allem Guten, das er getan hat.

Gott hat die Sterne am Himmel geschaffen. Er machte die Sonne, den Mond, das Wasser, die Erde und alle Lebewesen. Der Gott der ganzen Schöpfung hat diese Erde geschaffen. Und zum Schluss hat er den Menschen gemacht – und auch dich geschaffen, weil er der Meinung war, dass die Welt dich braucht!

Du wirst eine prachtvolle Krone in der Hand des Herrn sein, ein kostbares Diadem in der Hand deines Gottes.

JESAJA 62,3

Du bist ein Meisterwerk. Auf der Welt gibt es keinen anderen Menschen, der das tun kann, was Gott dir anvertraut hat.

18 Unzufrieden

Ich habe etwas verloren und will es zurückhaben. Ich brauche es! Aber was es ist, weiß ich nicht. Doch ich vermisse etwas. Gott, du solltest ja eigentlich genug für mich sein, das weiß ich, aber die Wahrheit ist: Das kann ich im Augenblick nicht empfinden. Was stimmt nur nicht mit mir?

– Das Mädchen, das sich entwurzelt fühlt

Hey du Liebe,

ja, es gibt diese Zeiten, in denen unsere Gefühle uns verwirren, und wir nicht wissen, was eigentlich mit uns los ist. Dann ist es gut, wenn wir uns bewusst machen, was Gott in seinem Wort gesagt hat: Gott selbst ist die Liebe, und wenn wir in seiner Liebe bleiben, bleibt er in uns. (siehe 1. Johannes 4,16). Gott wird all unseren Mangel beheben (siehe Philipper 4,19). Er gibt denen, die Durst haben, zu trinken, sodass sie nie wieder Durst haben (Johannes 6,35).
Gott verspricht: Du bist wie ein Baum, der am Wasser gepflanzt ist und der seine Frucht bringt, wenn es an der Zeit ist. Deine Blätter werden nicht verwelken und sterben. Nein, was immer du tust, wird dir gelingen,

wenn du zu Gott gehörst. Wenn du dich an seinen Geboten freust und Gottes Wort dir wichtig ist, wird es dir gut gehen (siehe Psalm 1).

Komm in seine Nähe, dann wird er dich neu erfrischen. Sag ihm doch ehrlich, dass du dir von ihm wünschst, dass er für dich genug ist. Dann wird er dir aus seinem Überfluss reichlich geben. Er möchte, dass es dir in seiner Fürsorge gut geht!

Dann wird dich Gott beständig leiten und dir selbst in Dürrezeiten innere Zufriedenheit bewahren. Er wird deinen Körper erfrischen, sodass du einem soeben bewässerten Garten gleichst und bist wie eine nie versiegende Quelle.
Jesaja 58,11

Gott möchte, dass du den Überfluss erlebst,
der von ihm kommt.

Sei kein Hindernis für andere

Natürlich bin ich nicht allwissend und auch selbst nicht perfekt, aber das, was manche Menschen tun, kann ich einfach nicht gutheißen. Ich empfinde es als meine Pflicht, die Leute darauf aufmerksam zu machen, wenn sie etwas tun, das nicht richtig ist. Gott möchte das doch so. Aber das wird leider nicht gut aufgenommen … Ich will doch nur helfen! Dafür sollten sie doch eigentlich dankbar sein, oder?

– Das Mädchen, das andere zurechtweisen will

Hey du Liebe,

anderen zu helfen, ist im Prinzip etwas sehr Gutes. Aber nicht alles ist für den anderen tatsächlich auch hilfreich. Denk mal ehrlich über dich nach. Könnte dein Verhalten für Menschen, die dem Glauben offen gegenüberstehen, vielleicht ein Hindernis sein, sich auf Gott einzulassen? Und wie nehmen dich Menschen wahr, die sich über den Glauben lustig machen? Haben Sie vielleicht den Eindruck, Christen sind alle überheblich, verurteilend und heuchlerisch?
Vielleicht bist du auch aufrichtig darum bemüht, so zu sein, wie Gott es sich von dir wünscht.

Unser Vater im Himmel prangert unsere Fehler niemals an, darum sollten wir auch nicht die Fehler anderer anprangern. Kein Mensch ist besser als der andere, und keine Sünde ist größer als die andere. Leider heucheln wir manchmal und tun nicht das, was Gott von uns möchte. Wir maßen uns an, beurteilen zu können, wer Strafe verdient hat und wer nicht. Aber Gott möchte eine aufrichtige Beziehung zu uns; ihm geht es nicht darum, dass wir stur Gebote und Regeln befolgen. Gott ist traurig, wenn wir die Menschen, die er geschaffen hat, daran hindern, ihn zu suchen. Doch zum Glück kann seine unendliche Liebe unser urteilendes Verhalten und jede Heuchelei ausgleichen. Gottes Liebe erinnert uns ganz sanft daran, dass es keinen Menschen gibt, der vollkommen ist.

Deshalb urteilt nicht mehr übereinander,
sondern lebt so, dass ihr niemanden behindert
und keinen vom Weg Gottes abbringt.
Römer 14,13

Alles, was wir tun, soll in Liebe geschehen, ganz besonders, wenn wir an anderen Kritik üben.

„Warum haben die anderen den ganzen Spaß?"

Diese Sache mit dem christlichen Glauben wird in meinen Augen überbewertet. Ich liebe dich, Gott, aber ich langweile mich und fühle mich entmutigt. Ich möchte so gern für dich leben, aber die anderen verhalten sich so rücksichtslos! Sie fragen nicht nach dir, feiern Partys und haben Spaß – und du scheinst das einfach so hinzunehmen. Ich kann mir nicht vorstellen, ohne dich zu leben, aber ich wünschte, ich könnte wenigstens ein bisschen fröhlicher leben!

– Das Mädchen, das einfach nur etwas Spaß haben möchte

Hey du Liebe,

betrachte es mal so: Du lebst nicht FÜR Gott, sondern ER LEBT DURCH DICH. Und durch ihn hast du sehr viel; mehr, als dir Menschen jemals geben könnten. Gott kann so große Dinge in deinem Leben tun, die du dir nicht mal ansatzweise vorstellen kannst.
Gott ist heilig, ja. Und er ist traurig, wenn Menschen nicht nach ihm fragen und sich rücksichtslos verhalten. Doch er hat grundsätzlich auch nichts gegen Freude, Spaß am Leben und Feiern. Mach dir bewusst: Im christlichen Glauben geht es nicht um Regeln und Verbote, das ist nicht das Wesentliche. Als du Ja zu Jesus gesagt hast, bist du frei geworden.

Du brauchst nicht neidisch auf deine Mitschülerinnen und Mitschüler zu schauen, denn was sie tun, ist nicht immer gut für sie und schadet manchmal sogar anderen. Viele erkennen gar nicht, dass sie nur für ihr eigenes Vergnügen leben.

Doch mit Jesus an deiner Seite kannst du jetzt schon ein erfülltes Leben führen. Und: Du kannst auch viele schöne Dinge tun – die deiner Beziehung zu ihm und dir selbst nicht schaden. Lass Jesus der Mittelpunkt in deinem Leben sein und verändere deine Perspektive. Der Tag, an dem du Ja zu ihm gesagt hast, war der Tag, an dem dein wirkliches Abenteuer erst begonnen hat.

Ärgere dich nicht über die schlechten Menschen. Beneide die nicht, die Unrecht tun. Denn sie werden wie Gras verdorren und wie Blumen verwelken. Vertraue auf Gott und tue Gutes [...] Deine Unschuld wird er sichtbar machen so hell wie das Licht des Tages, und die Rechtmäßigkeit deiner Sache wird leuchten wie die Mittagssonne.

PSALM 37,1-3.6

Nur für sich selbst zu leben, macht nicht wirklich zufrieden.

Gott findet dich schön!

Neulich habe ich mir zufällig eine Sendung auf YouTube angeschaut. Die Teilnehmer der Diskussionsrunde unterhielten sich über eine berühmte Frau, die zur Miss World gekürt worden war. Sie fragten sich, was an ihr so schön sei: ihre schmale Nase, die blauen Augen und ihr hübscher Schmollmund. Ihr Gesicht sei vollkommen symmetrisch, meinten sie. Im Vergleich zu ihr bin ich echt weit unter Mittelmaß!

– Das Mädchen, das sich nicht schön findet

Hey du Liebe,

ist dir bewusst, dass du nach dem Bild Gottes geschaffen bist? Alles Schöne kommt von ihm. Das bedeutet: Alles, was er geschaffen hat, ist ein Abbild seiner Herrlichkeit. Du bist schön, wunderbar, genial – du bist sein Meisterwerk!

Gott hat dir das Leben geschenkt. Er hat deine Nase gestaltet. Er sagt, dass du schön bist. Er hat deinen Augen ihre einzigartige Form gegeben und die Farbe, die er schön fand. Für ihn bist du schön! Punkt. Noch bevor du geboren wurdest, hat er sich genau überlegt, ob du einmal groß oder eher klein sein solltest, eher zierlich oder eher kräftig. Aber für ihn war und ist klar: Du würdest immer seine größte Aufmerksamkeit haben, ganz egal, wie du aussiehst. Er sagt, dass du schön bist. Glaub ihm! Er gestaltete dich wie ein Künstler mit voller Hingabe, um dir zu zeigen, wie groß seine Liebe zu dir ist – und damit du erkennst, wie armselig das Schönheitsurteil irgendwelcher Leute und Medien ist. Wer hat eigentlich das Recht zu definieren, wer schön ist und wer nicht!?

Unser Gott ist die Vollkommenheit aller Schönheit. Seine Herrlichkeit spiegelt sich in allem, was er geschaffen hat. Darum bist auch du wunderschön. Lass dir nichts anderes einreden.

Der mächtige Gott, der Herr, spricht und ruft der ganzen Erde vom Osten bis zum Westen zu. Vom Berg Zion, dem Inbegriff der Schönheit, scheint Gott in strahlendem Glanz.

PSALM 50,1-2

Du bist ein Spiegelbild von Gottes Schönheit!

22

Eigennützig oder uneigennützig?

Ich hasse es, dass sich manche Leute nur an mich wenden, wenn sie etwas von mir wollen. Etwas anderes ist es, wenn wir regelmäßig miteinander zu tun haben. Aber wenn sich jemand, von dem ich lange nichts gehört habe, ganz zufällig meldet, weil er etwas von mir will, dann ärgert mich das. Denn er sucht den Kontakt zu mir aus eigennützigen Gründen, und nicht, weil er sich für mich interessiert. Das kann er wirklich lassen!

– Das Mädchen, das nicht belästigt werden will

Hey du Liebe,

das verstehe ich sehr gut, und Gott versteht das auch. Denn er erlebt solches Verhalten auch ganz, ganz oft. Viele Menschen beten nur zu ihm, wenn sie ihn brauchen. Und wenn wir ehrlich sind: Auch wir haben das schon getan ... Doch Gott nimmt uns das nicht übel, er ist trotzdem immer für uns da. Aber für eine gute Beziehung – eine, die sich weiterentwickelt und immer tiefer wird – ist es wichtig, dass man im Gespräch bleibt. Wusstest du, dass du dich für Gott öffnest, wenn du betest? Gebet ist dein direkter Draht zu ihm – ein Gespräch, das du immer führen kannst, überall, in welcher Form auch immer. Du brauchst nicht eine bestimmte Gebetshaltung einzunehmen oder an einen bestimmten Ort zu gehen, um zu beten. Du kannst auf dem Schulweg mit Gott sprechen, bei den Hausaufgaben oder wo auch immer. Und je öfter du mit ihm sprichst, desto vertrauter wirst du mit ihm werden. Und desto mehr wirst du spüren, dass in dir eine Liebe zu anderen Menschen wächst. Überlege dir gut, wem du helfen willst, und sei barmherzig mit deinen Mitmenschen, so, wie auch Gott barmherzig mit dir ist. Bete nicht nur dann zu Gott, wenn du etwas brauchst, sondern einfach deshalb, weil du mit ihm reden möchtest. Du wirst merken, wie gut es tut, dich in jeder Situation an Gott zu wenden: wenn du in Not bist, wenn du aufgeregt bist, aber auch in ganz gewöhnlichen Situationen.

Ihr seht also, dass es unmöglich ist, ohne Glauben Gott zu gefallen. Wer zu ihm kommen möchte, muss glauben, dass Gott existiert und dass er die, die ihn aufrichtig suchen, belohnt.

HEBRÄER 11,6

Gott möchte gern von dir hören. Mit ihm zu reden, tut einfach gut!

23

„Nur Gott kann mich beurteilen!"

Viele Christen sind so furchtbar heuchlerisch und so schnell mit ihrem Urteil! Ich habe es so satt, dass die Leute in der Gemeinde auf mich herabsehen, weil ich andere Dinge falsch mache als sie. Mir ist egal, was andere sagen – ich vertraue der Gemeinde nicht. Und ich bin der Meinung: Nur Gott kann mich beurteilen!

– Das Mädchen, das unter den Mitchristen leidet

Hey du Liebe,

es tut mir so leid, dass du schlechte Erfahrungen in deiner Gemeinde gemacht hast und dich dort nicht angenommen fühlst. Es tut mir so leid, dass andere Christen dir nicht zugehört und dich verletzt haben. Wir Jesusnachfolger sind eben keinesfalls vollkommen. Vielleicht solltest du dir eine Gemeinde oder eine Kleingruppe suchen, in der du wirklich Liebe und Ermutigung in deiner Beziehung zu Gott erfährst. Viele Christen sind wirklich darum bemüht, die Liebe Gottes weiterzugeben.

Doch ich bitte dich: Pass auf, dass du deine Erfahrungen und deine Meinung nicht als Vorwand nimmst, dich so zu verhalten, wie es dir in den Sinn kommt – oder um Ratschläge anderer grundsätzlich zu ignorieren.

Ja, es stimmt, dass nur Gottes Meinung über dich wichtig ist, und ja, er ist ein liebevoller und gnädiger Gott. Aber er ist auch ein Gott, der uns Richtlinien für unser Zusammenleben gegeben hat. Natürlich werden wir als Menschen da auch immer wieder dran scheitern. Deshalb ist es wichtig, um Vergebung zu bitten – Gott und andere Menschen – und gnädig mit den Fehlern anderer umzugehen.

Ich gebe euch das Gebot, einander zu lieben.

JOHANNES 15,17

Auch wenn du der Meinung bist, dass nur Gott dich beurteilen kann, solltest du dich nicht einfach so verhalten, wie es dir gerade in den Sinn kommt.

24

Liebe dich so, wie Gott dich liebt

Wenn ich auf Social Media unterwegs bin, begegnen mir dort ständig irgendwelche „Beziehungsziele". Immer muss ich alles optimieren in meinem Leben, ständig muss ich mich mit irgendwem messen lassen. Aber ich will doch nur geliebt werden! Ist das zu viel verlangt?!

– Das Mädchen, das geliebt werden möchte

Hey du Liebe,

am Anfang der Bibel, im ersten Buch Mose, gibt es eine Geschichte über Lea, eine junge Frau, die immerzu mit ihrer Schwester verglichen wurde. Lea fühlte sich von ihrem irdischen Vater und ihrem Mann vernachlässigt. Damit ihr Schmerz gelindert wird, schenkte Gott ihr etwas, was zu jener Zeit ein besonderes Geschenk war: Söhne. Lea brachte drei Jungen zur Welt und hoffte, damit die Liebe ihres Mannes zu gewinnen. Doch sie bekam nicht, was sie sich so sehr wünschte. Am Ende schenkte Gott ihr noch einen vierten Sohn. Lea lobte Gott dafür und weihte ihm diesen Sohn. Sie hatte erkannt, dass das beste Geschenk immer noch Gottes Liebe war.

Du siehst also: Lea wurde von anderen enttäuscht. Und Menschen werden auch dich enttäuschen, aber: Gott tut das niemals! Du hast also immer die Wahl: verbittern oder auf Gott zu schauen. Halte daran fest, dass Gott immer treu ist. Gott erfüllte Leas Wünsche und Bedürfnisse, und das will er auch für dich tun. Verschwende deine Energie nicht darauf, Menschen gefallen zu wollen; sie können dich niemals so lieben, wie Gott es kann.

Du wirst mir den Weg zum Leben zeigen und mir die Freude deiner Gegenwart schenken. Aus deiner Hand kommt mir ewiges Glück.
Psalm 16,11

Verschwende deine Energie nicht darauf, Menschen gefallen zu wollen; sie können dich niemals so lieben, wie Gott es tut.

Wenn wir Gott aus dem Blick verlieren, überfällt uns die Sorge; doch wenn wir ihn in unserem Leben an die erste Stelle setzen, lernen wir wieder neu zu staunen.

25

Nicht erhörte Gebete

Einige Leute finden es dumm, dass ich zu einem Gott bete, den ich nicht sehen kann. Aber ich fühle mich mies und bin enttäuscht, wenn er mir keine Antwort gibt. Es heißt, dass im Gebet viel Kraft liegt, aber wo ist dann die Kraft in meinem Gebet? Ich bete und bete ... und es passiert nichts. Ich schütte mein Herz aus, und noch immer fühle ich nichts. Ich bemühe mich, geduldig zu sein und zu warten ... aber ich brauche ein Zeichen! Es ist, als würden meine Gebete an der Decke abprallen und wieder auf den Boden fallen.

– Das Mädchen, das Gottes Stimme nicht hört

Hey du Liebe,

manchmal haben wir den Eindruck, dass unsere Gebete nicht erhört werden, weil wir kein eindeutiges Ja oder Nein bekommen. Gott möchte dann vielleicht von uns, dass wir ihm einfach nur vertrauen. Es kann sein, dass dich das Gott näherbringt – oder aber es treibt dich von ihm fort. Vergiss aber bitte nicht: Gott ignoriert dich keinesfalls. Unterschätze nicht die Wirksamkeit deiner Gebete, nur weil du keine Ergebnisse siehst. Und unterschätze Gott nicht, nur weil er nicht so antwortet, wie du es gern hättest.

Vertraue darauf, DASS er wirkt. Vielleicht nicht so, wie du es dir wünschst, aber ich verspreche dir, unser

Gott im Himmel weiß es besser. Ich verstehe dich ja. Wenn du leidest, dich mit Zweifeln herumquälst und verwirrt bist, fühlt es sich nicht so an, als wäre das gut für dich. Sprich ruhig alles vor ihm aus. Gott erwartet gar nicht, dass du so tust, als sei alles in Ordnung. Aber höre nicht auf zu beten, selbst in solchen dunklen Zeiten, wenn es sich so anfühlt, als würde Gott schweigen. Gott freut sich, wenn du seine Nähe suchst. Es mag verrückt erscheinen, dass du mit Gott sprichst, obwohl du keine Antwort bekommst. Aber er verspricht dir, dass er dich immer hört und dich liebevoll anschaut, wenn du dich an ihn wendest und ihm vertraust.

Wir dürfen zuversichtlich sein, dass er uns erhört, wenn wir ihn um etwas bitten, das seinem Willen entspricht.

1. JOHANNES 5,14

Auch wenn kein Fortschritt zu erkennen ist: Gott kann deine Berge versetzen!

26

Dein Herz spricht seine Sprache

Es ist alles nur noch dunkel um mich herum … Dunkel und hoffnungslos und leer. Ich weiß einfach nicht, was ich sagen soll …

– Das Mädchen, das keine Worte mehr hat

Hey du Liebe,

dir fehlen die Worte. Gott weiß das. Du bist verzweifelt. Er fühlt das. Er hört dein tiefes Seufzen, er sieht, wie deine Gedanken wild in deinem Kopf herumpurzeln. Und auch, wenn das für dich vielleicht keinen Sinn ergibt: Er hört, wie dein Herz weint. Er hört nicht nur das, sondern er hört dir auch zu. Er spürt, was dein Herz mitteilen will.

Du brauchst nichts zu sagen. Vor ihm kannst und darfst du auch schweigen.

Wenn der Schmerz so groß ist, dass du glaubst, ihn nicht mehr ertragen zu können, hört er dein Stöhnen. Gott ist da, und er hat dir auch seinen Gehilfen, den Heiligen Geist, gesandt, der dir in deinem Schmerz helfen soll. Wenn du nicht weißt, was du beten, was du sagen oder worum du bitten sollst, wird der Heilige Geist dir das abnehmen. Er betet für dich. Er tritt vor Gott für dich ein, mit einem Seufzen, das sich nicht in Worte fassen lässt. Vielleicht fühlst du das im Augenblick nicht, aber du wirst Kraft bekommen in deiner Verzweiflung. Gott weiß, was du dir wünschst, und wird dir schenken, wonach du dich sehnst.

Der Heilige Geist hilft uns in unserer Schwäche. Denn wir wissen ja nicht einmal, worum oder wie wir beten sollen. Doch der Heilige Geist betet für uns mit einem Seufzen, das sich nicht in Worte fassen lässt. Und der Vater, der alle Herzen kennt, weiß, was der Geist sagt, denn der Geist bittet für die, die zu Gott gehören, wie es dem Willen Gottes entspricht.

RÖMER 8,26-27

Der Heilige Geist betet für dich, wenn dir die Worte fehlen.

27

Du gehörst zu ihm

Cinderella kann nicht zur Königsfamilie gehören, weil sie es nicht verdient hat, so heißt es. Tiana kann nicht zur Königsfamilie gehören, weil sie zu arm ist, so wurde ihr gesagt. Belle kann nur zur Königsfamilie gehören, wenn sie ein Ungeheuer heiratet. Und Meghan Markle kann nicht zur Königsfamilie gehören, weil sie schon einmal verheiratet gewesen ist und ihre Vorfahren *People of Colour* waren, so die gängige Meinung. Märchen oder nicht, alle diese Frauen gehörten am Ende doch zu einer Königsfamilie.

Ich dagegen habe keine Möglichkeit, eine Krone zu bekommen und ein Leben im Überfluss und voller Liebe zu führen. Das braucht man mir gar nicht erst zu sagen; ich weiß das bereits.

– Das Mädchen, das ausgeträumt hat

Hey du Liebe,

die Leute reden viel, aber am Ende hat Gott das letzte Wort. Er hat dich erwählt und liebt dich. Er hat dich ausgewählt und dich aus dem Reich der Dunkelheit ins Reich seines Lichtes gerufen. Er hat dich geschaffen – und dir auch eine unsichtbare Krone aufgesetzt. Er sagt, dass du zu seiner Königsfamilie gehörst. Du erlebst vielleicht, dass die Umstände dich daran hindern wollen, das Gute in deinem Leben zu genießen.

Überall begegnen dir Neid und Vorurteile; du stellst dich selbst infrage und überlegst, ob du vielleicht eine Heuchlerin bist. Doch nichts auf der Welt kann dir deine Krone wegnehmen. Deinen Status als Königstochter kann dir niemand aberkennen, weil Gott dich als sein Kind angenommen hat.

Er sagt, dass du erwählt bist, ein Königskind, das den Reichtum seines Reiches erben wird. Du bist geliebt, und mehr gibt es nicht zu sagen.

Aber ihr seid anders, denn ihr seid ein auserwähltes Volk. Ihr seid eine königliche Priesterschaft, Gottes heiliges Volk, sein persönliches Eigentum. So seid ihr ein lebendiges Beispiel für die Güte Gottes, denn er hat euch aus der Finsternis in sein wunderbares Licht gerufen.

1. PETRUS 2,9

Du bist ein Kind des Königs. Niemand kann dir deine Krone wegnehmen!

28

Dein Gebet hat Kraft

Ich bete anders als der Pastor auf der Kanzel. Manchmal murmele ich vor mich hin, und ich überlege krampfhaft, was ich sagen soll. Oft weiß ich gar nicht, was ich beten soll. Ich erkläre mir das so: Wenn Gott doch bereits weiß, was geschehen wird – warum, wann, wo und wie – warum muss ich dann noch beten? Warum soll ich überhaupt beten, wenn ich keine Kontrolle darüber habe, was geschehen wird, und alles sowieso geschieht, wie es eben kommt? Können Gebete Gottes Meinung ändern? Welche Macht habe ich, den Kurs meines Lebens zu verändern?

– Das Mädchen, das sich machtlos fühlt

Hey du Liebe,

du darfst die Wirksamkeit deiner Gebete nicht unterschätzen. Gott weiß zwar, was geschehen wird, aber er möchte weder eine Art Wunscherfüllungsautomat sein noch manipuliert werden. Er möchte, dass wir mit ihm reden, weil er sich unsere Nähe so sehr wünscht. Deshalb: Bitte bete weiter, auch wenn du den Sinn darin nicht siehst. Mach dir bewusst: Du betest, weil du mit Gott in Beziehung treten willst, nicht, weil du etwas Bestimmtes erreichen willst. Aber ja, deine Bitten können sehr wohl eine Veränderung bewirken. Im Gebet liegt große Kraft. In deinen Gebeten liegt Power!

Glaubst du mir nicht? Dann schau in der Bibel nach. Hannah betete für einen kleinen Sohn, die Gemeinde betete dafür, dass Petrus aus dem Gefängnis freikommt, Abraham betete für die Stadt Sodom und Hiskia für ein langes Leben. Gott schenkte ihnen, worum sie gebeten hatten. Und auch in deinem Leben hast du bestimmt schon erlebt, dass dein Gebet etwas verändert hat. Ja, wir verstehen das vielleicht nicht so ganz, aber wenn du betest und von Herzen glaubst, dass Gott handeln wird, dann wird er das auch tun. Du wirst die Macht Gottes erleben. Hab Geduld! Mit deinem Gebet übst du tatsächlich Macht aus, die Gott dir gegeben hat. Denn er hat gesagt, dass du Berge versetzen und Riesen zu Fall bringen kannst!

Das Gebet eines gerechten Menschen hat
große Macht und kann viel bewirken.

JAKOBUS 5,16

Bete die größten Gebete. Bete nicht für Krücken,
sondern für Flügel. (Philipp Brooks)

29

Dein Vertrauter

Wenn Freunde oder meine Familie mich fragen, ob mich etwas bedrückt, dann überlege ich, ob ich offen sagen soll, was in mir vorgeht, ob ich nur ein klein wenig davon preisgeben oder überhaupt nichts sagen soll. Das ist nicht nur eine Frage des Vertrauens. Manchmal ist es so, als würden meine Worte selbst entscheiden, dass sie in meinem Inneren bleiben wollen. Und meine Gedanken? Sie bleiben in meinem Kopf gefangen. Es fällt mir schwer, mich auszudrücken.

– Das Mädchen, das sich nicht öffnen kann

Hey du Liebe,

bete dafür, dass Gott dir eine Person zeigt, der du dich anvertrauen kannst. Aber ob du nun so einen Menschen findest oder nicht, Gott kannst du dich immer anvertrauen, und zwar so, wie du es möchtest. Es gibt hierbei kein Richtig oder Falsch. Sprich einfach aus, was in dir vorgeht. Gott möchte, dass du ihm von deinem Tag erzählst und wie es dir gerade geht, worüber du in der Schule oder bei der Arbeit gelacht hast und was dich geärgert hat. Er möchte, dass du ihm alles sagst, was du sonst vielleicht lieber für dich behältst.
Sicher, Gott kennt natürlich deine Gedanken, aber er will sich so gern mit dir darüber austauschen. In der Bibel hat

Gott mit Mose gesprochen, so, wie man mit einem Freund redet. Und auch wir können lernen, auf Gottes leise Stimme zu hören. Vielleicht spricht er unverhofft in unsere Gedanken hinein, durch eine Ermutigung eines anderen Menschen, durch einen Regenbogen, ein Lächeln, eine Blume oder ein Lied.

Weißt du, dass Gott bei dir ist und darauf wartet, dass du mit ihm sprichst? Hab Mut und öffne dich ihm! Er wird dich niemals verletzen. Und: Er hört auch das, was in deinem Inneren vorgeht. Gott nennt dich seine Freundin, genau so, wie er Mose seinen Freund nannte.

Der Herr sprach mit Mose von Angesicht zu Angesicht,
wie einer, der mit seinem Freund redet.

2. MOSE 33,11

Gott wünscht sich, dass du ihm alles sagst.
Ihm ist alles wichtig, was in dir vorgeht.

30

Schlechte Träume

Reicht es denn nicht, dass das ganze Leben ein Albtraum ist? Nein, ich muss auch noch in der Nacht Albträume erleben. Ich bin verzweifelt und würde wenigstens einmal gern wieder durchatmen. Ich habe versucht, mich tagsüber immer mal wieder kurz hinzulegen. Aber nicht einmal das hilft. Jemanden an seiner Seite zu haben, ist gut, wenn man wach ist, aber sobald ich meine Augen zumache, bin ich allein und vor Angst wie gelähmt.

– Das Mädchen, das nicht schlafen kann

Hey du Liebe,

Gott liebt dich, auch wenn dein Leben schwierig ist. Er setzt sich für dich ein, wenn du Angriffen ausgesetzt bist. Und wenn du nicht schlafen kannst oder Albträume dich quälen, kann Gott dich ruhig machen und dir Geborgenheit schenken.

Sprich mit ihm, wenn du dich ins Bett legst; richte deine Gedanken auf ihn. Er ist da und wiegt dich in den Schlaf. Gott ist stärker als deine schlimmsten Ängste. Wenn ein Albtraum dich aus dem Schlaf reißt, dann bring ihn sofort zu Gott. Er wird dich mit seiner Gegenwart trösten und dir helfen, die Nacht zu überstehen. Er wird dir zeigen, dass weder Himmel noch Hölle dich von seiner Liebe trennen können.

Gott umgibt dich mit seinem Schutz. Du bist nicht allein; auch nicht nachts. Er hält seine Hände über dich. Du sollst in Frieden leben – und auch schlafen.

Ich bin überzeugt: Nichts kann uns von seiner Liebe trennen. Weder Tod noch Leben, weder Engel noch Mächte, weder unsere Ängste in der Gegenwart noch unsere Sorgen um die Zukunft, ja nicht einmal die Mächte der Hölle können uns von der Liebe Gottes trennen. Und wären wir hoch über dem Himmel oder befänden uns in den tiefsten Tiefen des Ozeans, nichts und niemand in der ganzen Schöpfung kann uns von der Liebe Gottes trennen, die in Christus Jesus, unserem Herrn, erschienen ist.

RÖMER 8,38-39

Nichts kann dich von der Liebe Gottes trennen.

31

Er hat dich längst gefunden

Ich bin verloren, in vielerlei Hinsicht. Ich fühle mich so oft nicht gewollt, und langsam gewöhne ich mich daran. Vermutlich habe ich aufgegeben. Ich rechne besser schon gar nicht mehr damit, von den Menschen in meinem Umfeld geliebt und wertgeschätzt zu werden. Ich lebe wie in einem Nebel. Eigentlich sollte doch jeder neue Tag ein Abenteuer sein, aber bei mir sind sie irgendwie immer gleich, lähmend und schwer wie Blei.

– Das Mädchen, das durchs Leben irrt

Hey du Liebe,

das sind starke Gefühle, die du erlebst: VERLOREN, NICHT GEWOLLT, UNGELIEBT. Diese Gefühle sind wie klebriger Schleim; sie wollen sich an dich klammern und nicht mehr loslassen. Doch Gefühle sind oft trügerisch, sie spiegeln nicht immer die Wahrheit wider. Es mag Menschen geben, die dich nicht lieben und nicht wertschätzend mit dir umgehen. Aber die haben eher ein Problem mit sich selbst. Das heißt nicht, dass du als Mensch ungeliebt und wertlos bist! Denn das ist eine Lüge. Vertrau auf Gott, nicht auf deine Gefühle, denn die können schwanken, täuschen und verwirren. Gott ist ein fester Fels inmitten deines Gefühlschaos. Wenn du dich verloren fühlst, dann hat er dich schon längst gefunden. Du bist sein kostbarer Schatz, und er liebt dich, denn er hat Ja zu dir gesagt. Du bist Gott so wichtig! In ihm findest du Sicherheit und Geborgenheit; er kann dir zeigen, welche Lügen sich in deinen Gedanken breitgemacht haben – und Worte der Wahrheit über dein Leben aussprechen. Die Tage, an denen du ziellos herumirrst, sind dann zu Ende. Er wird dir helfen, dich wieder zu freuen und dich wertvoll und geliebt zu fühlen!

Gott sagt: „Ich habe nie aufgehört, dich zu lieben. Ich bin dir treu wie am ersten Tag.“

JEREMIA 31,3; GN

Gott wird alles in Bewegung setzen, um dir seine Liebe zu zeigen. Er wird dafür sorgen, dass du dich wieder wertvoll und geliebt fühlst!

32

Nur kein Neid

Ich bin ja eigentlich keine neidische Person, aber dieses Gefühl hat sicher jeder schon mal erlebt; ich bin da ganz bestimmt keine Ausnahme. Ich bemühe mich wirklich sehr, mich nicht mit anderen zu vergleichen, aber wenn ich sehe, wie viel Gutes du anderen schenkst, und wie es mir geht, dann frage ich mich doch: *Und was ist mit mir?* Ich rufe und versuche, deine Aufmerksamkeit zu bekommen. Hast du mich etwa ganz bewusst übersehen?

– Das Mädchen, das sich übergangen fühlt

Hey du Liebe,

Gott hat dich nicht vergessen, und er wird dich nie übergehen. Glaubst du das nicht? Glaubst du nicht, dass Gott für dich da ist und sich um dich kümmert? Warum nicht? Was hält dich davon ab? Was brauchst du noch, um zu glauben, dass er nur dein Bestes will und dich liebt? Dass er dir nichts Gutes vorenthalten wird? Wenn du neidisch auf andere Menschen schaust, schadest du dir nur selbst: Du bewertest deine Situation als schlechter als die der anderen, und fühlst dich mies und unzufrieden. Die Beziehung zu der Person, auf die du neidisch bist (zum Beispiel deine beste Freundin) kann darunter leiden. Schau stattdessen auf Gott und auf das, was er in deinem Leben tut. Bring deine Neidgefühle zu ihm, sodass er sie verwandeln kann.

Lass nicht zu, dass deine Verbindung zu Gott abreißt, egal, wie du dich gerade fühlst. Mach dir bewusst, was Gott dir schon alles an Gutem getan hat, auch wenn es anderen in deinen Augen besser zu gehen scheint als dir, und trotz deiner Probleme und Fehler. Gott hat versprochen, dir alles zu geben, was du brauchst – und er hält Wort!

Gott hat nicht einmal seinen eigenen Sohn verschont, sondern hat ihn für uns alle gegeben. Und wenn Gott uns Christus gab, wird er uns mit ihm dann nicht auch alles andere schenken?

RÖMER 8,32

Gott hat bereits alles für dich gegeben – seinen Sohn. Und schenkt dir jeden Tag neu so viel! Wofür kannst du heute dankbar sein?

33

Gott loben im Leid – echt jetzt?

Ich habe so sehr dafür gebetet, es mir so sehr gewünscht, aber du hast es mir nicht geschenkt. Alle meine Anstrengungen sind vergeblich. Du hörst mich nicht wirklich, oder wenn doch, dann sind dir meine Bitten nicht wichtig. Du gibst mir nicht, worum ich dich bitte; du bestrafst mich, lässt zu, dass alles Schlimme mich trifft! Wie kannst du ein guter Gott sein?

– Das Mädchen, das an Gott zweifelt

Hey du Liebe,

in der Bibel wird von einem Mann namens Hiob berichtet, der Gott aufrichtig liebte und ohne Schuld war. Es sah so aus, als ob Gott Hiob belohnt hatte, weil dieser ihm so ehrfürchtig diente. Hiob besaß alles, was man sich so wünschen kann: eine große, liebevolle Familie, er war reich und hatte eine enge Beziehung zu Gott. Doch der Feind Gottes glaubte, Hiob würde Gott nur lieben, weil der ihn so reich beschenkt hatte. Er bat Gott um die Erlaubnis, Hiob schweres Leid zuzufügen, und Gott erlaubte es ihm. Hiob verlor fast alles, was er besaß, doch trotz seiner schmerzenden Wunden und seines gebrochenen Herzens lobte er Gott immer noch.
Wie sieht es bei dir aus? Hältst du an deiner Liebe zu Gott fest, auch wenn du Schmerz erlebst? Kannst du ihn dann trotzdem loben?

Wenn wir Leid erleben, fällt es uns oft schwer zu glauben, dass Gott gut ist. Aber bitte vergiss nicht, dass Gott dich niemals verlassen oder aufgeben wird. Gott ist dir nah. Er setzt sich für dich ein. Und alles, was geschieht, soll uns Menschen am Ende zum Besten dienen. Das heißt nicht, dass Gott derjenige ist, der das Schlechte in unserem Leben verursacht!

Lobe Gott nicht nur deshalb, weil er dir schenkt, worum du gebeten hast, und mache ihm keine Vorwürfe, wenn er eine deiner Bitten nicht erfüllt. Lobe Gott, weil er Gott ist. Hiob hat sich von seinem Vater im Himmel nicht abgewendet – auch dann nicht, als er alles verlor. Eine wirklich lobenswerte Einstellung! An Hiob können wir uns ein Beispiel nehmen.

Gott, erschaffe in mir ein reines Herz und gib mir einen neuen, aufrichtigen Geist. Verstoße mich nicht aus deiner Gegenwart und nimm deinen Heiligen Geist nicht von mir. Lass mich durch deine Hilfe wieder Freude erfahren und mach mich bereit, dir zu vertrauen.

PSALM 51,12-14

Gott auch im Schmerz zu loben hilft, die Perspektive zu verändern und auf den zu schauen, der wirklich gut und vollkommen ist und alles in seiner Hand hat.

34

Ein gebrochenes Versprechen

Ich erlebe so oft, dass jemand sein Versprechen nicht hält. Jemand verspricht, ganz bestimmt zu kommen, aber er kommt nicht. Jemand verspricht, ein Geheimnis für sich zu behalten, erzählt es aber doch weiter. Das ist so mies! Ich hab einfach kein Vertrauen mehr in irgendwelche Versprechungen, die jemand mir gegenüber macht. Und ich selbst verspreche auch nichts mehr. Statt auf Zusicherungen von irgendwem zu bauen, blicke ich lieber der Tatsache ins Auge, dass ich eh von anderen enttäuscht werde. So kann ich wenigstens etwas Schmerz vermeiden.

– Das Mädchen, das seine Illusionen verloren hat

Hey du Liebe,

so ist das leider. Auf Menschen kann man sich nie hundertprozentig verlassen. Wir werden immer wieder enttäuscht – und enttäuschen auch selbst andere. Daher bin auch ich vorsichtig, wenn jemand etwas verspricht oder wenn ich überlege, jemand anderem etwas zu versprechen, das ich vielleicht doch nicht halten kann. Genau wie du möchte ich möglichst Enttäuschungen vermeiden. Aber wenn Gott uns etwas verspricht, dann hält er es, hundertprozentig! Er nimmt das mit den Versprechen sehr ernst. Ihm kannst du ruhig vertrauen, denn er hat versprochen, dich nicht zu enttäuschen und dir nicht wehzutun.

Gott hat uns viele Versprechen gegeben: in seinem Wort. Beschäftige dich doch mal mit seinen Verheißungen! Schnapp deine Bibel – mit diesen Bibelstellen hier kannst du loslegen: Hebräer 10,23; Johannes 6,37; Jeremia 29,13–14; 1. Petrus 5,7; Galater 4,7; Micha 7,18–19; 2. Korinther 1,4; Römer 8,28. Halte seine Verheißungen in deinem Gedächtnis und in deinem Herzen fest. Je mehr seiner Versprechen du verinnerlicht hast, desto mehr kann er dir zeigen, dass er wirklich Wort hält.

Gott wird dir niemals etwas vorgaukeln, was nicht so ist. Er wird sein Wort niemals zurücknehmen. Halte dich an Jesus, wenn Menschen dich enttäuschen. Und wahre du dir deine Aufrichtigkeit. Gott wird seine Versprechen immer einlösen, egal, wie oft andere ihr Versprechen brechen. Vergiss das niemals.

Gott ist kein Mensch, der lügt. Er ist kein Mensch, der etwas bereut. Hat er je etwas gesagt und nicht getan? Hat er je etwas versprochen und es nicht wahr gemacht?

4. MOSE 23,19

Gott wird die Versprechen, die er dir gegeben hat, immer erfüllen.

Noch mehr Verheißungen Gottes für dich findest du hier: *https://www.jesus-info.de/30-verheissungen-gottes-fuer-dein-leben/*

35

Bleib in seiner Nähe

Mein Engagement für die Gemeinde nimmt viel Zeit in Anspruch. Am Samstagabend bereite ich den Kindergottesdienst vor, manchmal spiele ich in der Band mit oder begrüße die Gottesdienstbesucher am Eingang. Ein guter Tag ist, wenn ich mal nur „normal" am Gottesdienst teilnehme. Meine Arbeit in der Gemeinde macht mir Spaß, auch die im Jugendkreis, aber ich merke, wie erschöpft ich oft bin und wie wenig Zeit ich für mich habe. Die Verpflichtungen sind schon kräftezehrend, aber ich kann ja nicht einfach sagen: „Ich geh jetzt."

– Das Mädchen mit dem ausgefüllten Gemeindeleben

Hey du Liebe,

dein Engagement ist bewundernswert! Aber pass auf dich auf. Gott möchte nicht, dass du völlig ausgelaugt wirst von dem, was du tust, auch wenn es noch so viel Spaß macht. Im Leben können wir nicht immer aktiv sein, sondern müssen auch entspannen. Schau, dass du dich nicht verzettelst.

Und: Unser Einsatz für Gott sollte uns nicht so stark in Anspruch nehmen, dass wir ihn selbst aus dem Blick verlieren. Wenn wir glauben, dass wir uns für Gott einsetzen, haben wir ihn oftmals schon rechts überholt. Gott möchte uns leiten. Bei den vielen Dingen, die zu tun sind, kann es passieren, dass wir uns nur aus

Pflichtgefühl für Gott einsetzen und nicht, weil wir ihn lieben. Vielleicht solltest du deine Prioritäten einmal überprüfen. Gibt es etwas, das du aufgeben solltest, um wieder auftanken zu können?

Sich für Gott einzusetzen, ist manchmal echt herausfordernd, ja. Aber es ist wichtig, dass du dir immer wieder die Zeit nimmst, seine Nähe zu suchen. Schalte mal einen Gang herunter und genieße seine Gegenwart. Er ist bei dir in der Ruhe, und er ist auch bei dir, wenn du neu erfrischt wieder aktiv wirst.

Darauf sagte Jesus: „Kommt, wir ziehen uns an einen einsamen Ort zurück, wo ihr euch ausruhen könnt." Denn ständig waren so viele Menschen um sie, dass Jesus und seine Apostel nicht einmal Zeit fanden zu essen.

MARKUS 6,31

Lass dich durch dein Engagement für Gott nicht daran hindern, dir Zeit nur für ihn zu nehmen. Die Beziehung zu ihm ist wichtig und schenkt dir neue Kraft.

36

Spiele der Liebe

Er ist verwirrt. Eigentlich hat er mir gesagt, dass er mich liebt, aber *sie* mag er auch. Ich verstehe das nicht. Wie ist das möglich? Er kann sich nicht entscheiden. Der Entscheidungskampf ist in seinen Augen zu erkennen. Mit seinen Lippen sagt er mir, dass er sich für mich entschieden hat, aber ich will sein ganzes Herz. Ich sollte mich doch freuen, dass er mich will, aber diese Halbherzigkeit tut mir weh. Trotzdem, es ist doch besser, geliebt zu werden als nur gemocht zu werden, oder?

– Das Mädchen, das das Spiel der Liebe nicht gewinnen kann

Hey du Liebe,

du hast es verdient, von ganzem Herzen und ohne Vorbehalte geliebt zu werden. Du hast eine Liebe verdient, die beständig ist, die sich ganz ergibt.

Darum schick ihn weg.

Auch wenn du im Moment keinen Jungen findest, der dich richtig glücklich macht, sei nicht traurig. Du bist noch jung. Überstürze nichts. Außerdem: Denk immer daran, dass es in deinem Leben den Einen gibt, der wirklich alle deine Bedürfnisse erfüllen kann – was kein Partner je schaffen kann. Schau auf Gott, denn du gehörst zu ihm. Schau auf ihn, deinen König und himmlischen Papa.

Er liebt dich! Er interessiert sich für dich, und sein liebevoller Blick wird nie von dir weichen. Gott schaut dich an mit vorbehaltloser Bewunderung, und er verspricht dir, dass das immer so sein wird. Dir gilt seine ganze Liebe! Verlasse dich jetzt und für immer auf diese Liebe. Gott wird dir zeigen, dass du bei ihm immer an erster Stelle stehst.

Ich habe dich schon immer geliebt,
darum habe ich dich an mein Herz gezogen.
NACH JEREMIA 31,3

Gott wird seine Einstellung zu dir niemals ändern.
Er steht zu hundert Prozent zu dir.

37

„Wenn Gott doch da gewesen wäre!"

Wenn Gott da gewesen wäre, wäre nichts von alldem passiert. Dann würde ich jetzt nicht so hoffnungslos verzweifelt hier sitzen.

– Das Mädchen, das vom Glauben die Nase voll hat

Hey du Liebe,

du denkst, dass Gott viel zu spät gekommen ist. Du denkst, er hat die Gelegenheit verpasst, sich zu zeigen und dir zu helfen. Du denkst, er hat es versäumt, ein Wunder zu tun. Ich kann dich so gut verstehen! Denn genau das haben auch Maria und Martha gedacht. (Die Geschichte steht in Johannes 11,1-45.) Die beiden Schwestern hatten einen Boten zu Jesus geschickt; der sollte ihm mitteilen, dass ihr Bruder Lazarus sehr krank ist. Jesus liebte Lazarus sehr, trotzdem dauerte es noch zwei Tage, bis er sich auf den Weg zu ihm machte. Da war Lazarus jedoch schon gestorben. Die Freunde von Jesus verstanden nicht, warum Jesus sich so viel Zeit gelassen hatte. Jesus aber sah weiter: Er wusste bereits, dass Lazarus' Krankheit nicht wirklich im Tod enden würde. Als Jesus schließlich bei den Schwestern Martha und Maria eintraf, sagten sie zu ihm: „Wenn du da gewesen wärst, wäre unser Bruder nicht gestorben."

Martha, die genau wusste, wer Jesus war, glaubte trotz allem, dass Gott das Unmögliche möglich machen kann. Jesus wurde zum Grab von Lazarus geführt, und nachdem er mit Gott gesprochen hatte, holte er Lazarus tatsächlich ins Leben zurück.

Eine wunderbare Geschichte. Und ja, ich glaube, dass Gott auch heute noch Unmögliches möglich machen kann. Doch nicht immer geschieht das erhoffte Wunder. Warum, wissen wir nicht. Wir sollten daraus nur niemals den Schluss ziehen, dass wir Gott egal sind oder er uns ins Unglück stürzt. Manchmal verstehen wir Gottes Wege nicht, weil wir nur einen Bruchteil sehen können. Er sieht immer weiter als wir, und er möchte, dass wir trotz allem an ihm festhalten.

Dennoch bleibe ich stets an dir; denn du hältst mich bei meiner rechten Hand.

PSALM 73,23, LU

Auch wenn deine Situation aussichtslos erscheint: Gib nicht auf! Vor allem: Wirf dein Vertrauen nicht weg. Denn Gott bleibt an deiner Seite, und er wird dich für dein Vertrauen belohnen (siehe Hebräer 10,35).

38

Er bringt dich weiter

Warum muss ich alles immer auf die harte Tour lernen? Warum muss ich dieselbe Lektion immer wieder neu lernen? Warum muss ich immerzu kämpfen und leiden? Und warum müssen andere nicht dasselbe erleben wie ich?

– Das Mädchen, das sich von Gott unfair behandelt fühlt

Hey du Liebe,

verurteile Gott nicht dafür, dass er dir etwas zeigen will, das du lernen sollst. Ja, Gott erzieht uns auch. Aber er verhält sich dabei wie gute Eltern, die nur das Beste für ihr Kind wollen. Genau so ist Gott: Er handelt immer in Liebe.

Gott stellt dich in herausfordernde Situationen und vertraut darauf, dass du damit umgehen kannst. Herausforderungen sollen dich näher zu ihm ziehen. Manchmal mutet uns Gott etwas zu, damit wir stärker werden. Oder innerlich heiler werden können. Oder damit wir auf eine bestimmte Situation vorbereitet werden oder später anderen, die ähnliche Dinge erleben, helfen können.

Wenn du also Gott in solchen Zeiten vertraust, bringt er dich weiter. Jemand hat mal gesagt: „In der Schule Gottes kann man nie durchfallen. Höchstens eine Prüfung wiederholen." Gott möchte, dass wir auch im Glauben nicht ewig kleine Kinder bleiben, sondern erwachsen werden. Das Leben lehrt uns viele Dinge; Gott jedoch ist der beste Lehrer der Welt und wird dich zu einem hervorragenden Abschluss führen. Daher: Lerne und lebe mit ihm an deiner Seite.

Unsere leiblichen Väter haben uns eine
bestimmte Zeit nach bestem Wissen und Gewissen
erzogen. Gott aber weiß wirklich, was zu unserem
Besten dient. Denn wir sind seine Kinder
und sollen ganz zu ihm gehören.

HEBRÄER 12,10-11; HFA

Gott erzieht und lehrt uns Menschen, weil er uns liebt.

39

Du bist eine Überwinderin!

Die Angst bestimmt mein Leben. Ich kann manchmal kaum noch richtig atmen. Wenn ich schreie, klingt das wie ein Wimmern. Manchmal schrecke ich vor meinem eigenen Schatten zurück. Wenn das Leben noch schwieriger wird, als es jetzt ist, dann kann ich gleich ganz aufgeben.

– Das Mädchen, das von Angst beherrscht wird

Hey du Liebe,

ja, Angst ist was Fieses und Lähmendes. Sie hindert uns zu leben, zu vertrauen, zu entspannen, zu schlafen. Dem Feind Gottes gelingt es schnell, uns Angst einzujagen und Lügen einzureden. Seine Strategie: uns durch viel Theater Angst zu machen und uns damit klein und hilflos zu machen. Er setzt alles daran, dass wir uns an falsche Sicherheiten klammern und Gott misstrauen.

Angst ist niemals von Gott. Der Feind Gottes ist ein Lügner und ein Heuchler. Doch die gute Nachricht ist: Er hat keine Macht über dein Leben! Er hat keinerlei Bestimmungsrecht über die Menschen, die zu Gott gehören, denn Jesus hat ihn besiegt, als er vom Tod wieder auferstanden ist.

Ohne Gott sind wir schwach, aber mit ihm besitzen wir eine unvorstellbare Macht. Alles ist der Autorität von Jesus unterworfen. Du bist Gottes Kind, und darum kannst auch du alles meistern. Glaube nichts, was den Worten, die Gott über dich sagt, widerspricht.

Jesus sagt: „Ich habe euch Vollmacht über
den Feind gegeben; ihr könnt unter Schlangen
und Skorpionen umhergehen und sie zertreten. Nichts
und niemand wird euch etwas anhaben können."

LUKAS 10,19

Alles ist der Macht von Jesus unterworfen. Du bist Gottes Kind,
und darum kannst auch du alles meistern.

„Wo bleibt mein Prinz?"

Wie gebannt verfolgen die Leute die Märchenhochzeiten der Royals, wie damals die von Meghan Markle und Prinz Harry. Ja, da hatte eine Frau ihren Prinzen gefunden. Viele Mädchen suchen auf Social Media nach ihrem Prinzen, und ich will nicht lügen – vielleicht gehöre ich auch dazu …

– Das Mädchen, das sich ein Happyend wünscht

Hey du Liebe,

weißt du was? Du brauchst keinen Prinzen, um in eine königliche Familie einzuheiraten. Als du Ja zu Jesus gesagt hast, wurdest du in seine königliche Familie aufgenommen. Du bist jetzt eine echte Königstochter und regierst mit ihm – an seiner Seite. Gott ist der König aller Könige. Und er sieht dich als seine wunderbare Tochter an, die er selbst mit seiner Herrlichkeit neu „eingekleidet" hat. Und sein Sohn Jesus ist der Bräutigam, der dich in seine Arme nimmt. Deshalb: Du brauchst keinen Prinzen, der dich anhimmelt!

Doch ich verstehe deine Sehnsucht nach einem Partner. Gott selbst hat sie in uns hineingelegt. Es ist etwas Gutes, sich einen Mann, Ehe, Familie zu wünschen. Schau auf

Gott und lass dich von ihm leiten. Dann wirst du merken, was wann für dich dran ist. Du musst nicht auf Social Media herumirren oder dir von irgendwem einreden lassen, was das „Beste" für dich ist oder wie du dich optimieren kannst, damit du angeblich attraktiver für Jungs wirst. In den Augen von Jesus bist du attraktiv und begehrenswert. Vertrau ihm!

Doch ich gehöre noch immer zu dir, du hältst meine rechte Hand. Du wirst mich nach deinem Rat leiten. [...] Wen habe ich im Himmel außer dir? Du bist mir wichtiger als alles andere auf der Erde!

PSALM 73,23-26

Du bist die Tochter eines Königs. Wunderbar, attraktiv, begehrenswert! Lass dich von ihm leiten.

Warte auf Gott

Diese Phase in meinem Leben soll bitte ganz schnell vorbeigehen! Ich habe versucht zu beten, in der Bibel zu lesen und sogar zu fasten, aber ich bin nicht weitergekommen, keinen Zentimeter. Es hat sich nichts verändert. Mir geht es immer noch schlecht. Können wir nicht endlich zu einer besseren Phase übergehen?

– Das Mädchen, das nicht mehr leiden möchte

Hey du Liebe,

Unangenehmes und Schweres wollen wir ganz schnell hinter uns bringen, das ist völlig normal. Und Gott versteht, wie schwer es uns manchmal fällt, darauf zu vertrauen, dass er den richtigen Zeitpunkt kennt. Wir wollen, dass unser Wunsch auf der Stelle erfüllt wird, wir auf der Stelle das Schwierige loswerden. Er macht alles gut – aber zu seiner Zeit. Du möchtest gern das Unangenehme sofort hinter dir lassen und weitergehen, aber Gott möchte, dass du dich mit deiner Gegenwart auseinandersetzt. Du suchst nach Antworten, weil du dich im Grunde nach Sicherheit sehnst. Aber vielleicht sollst du ja erkennen, dass jeder Augenblick von Bedeutung ist – selbst die Zeit des Wartens.

Wenn du dich entscheidest, ärgerlich und zornig zu sein, und nicht bereit bist, dich zu verändern, dann übersiehst du das Gute, das aus dem Warten entstehen kann. Wenn du ungeduldig und dauerfrustriert bist, verpasst du die Gelegenheit, dich weiterzuentwickeln. Gott hat dir auf jedem Schritt deines Weges etwas zu sagen, und er möchte, dass du ihm deine Aufmerksamkeit schenkst.

Wenn du wartest und ihm vertraust, wirst du irgendwann erkennen, dass das, was Gott für dich bereithält, viel besser ist als das, was du für die beste Lösung gehalten hast. Wenn du ihm dein Vertrauen schenkst, schenkt er dir neue Kraft und neuen Mut. Dann wirst du eines Tages sehen, wie er dich verändert hat. Und dein Durchbruch in etwas Neues wird dann so viel kraftvoller und besser sein, als du dir jemals vorstellen konntest!

Wenn wir aber auf etwas hoffen, das wir noch nicht
sehen können, warten wir geduldig, bis es sich erfüllt.

RÖMER 8,25; NEÜ

Wenn du bereit bist, geduldig abzuwarten, wirst du viele Dinge erkennen, auch in den Augenblicken, die schmerzlich für dich sind oder dir total sinnlos erscheinen.

Gott bestraft dich nicht

Ich habe große Angst, einen Fehler zu machen. Um Gott nicht die Laune zu verderben, schleiche ich auf Zehenspitzen durch mein Leben. Das ist beinahe wie in diesen Cartoons – eine falsche Bewegung, und Gott schickt einen Blitz vom Himmel, der mich mit voller Kraft trifft. Und wenn die Strafe dann tatsächlich kommt, sage ich mir, dass ich sie ja verdient habe. Ich brauche mir nur all das vor Augen halten, was ich vermasselt habe. Ich glaub nicht, dass ich die Sache je gewinnen kann; immerzu enttäusche ich Gott.

– Das Mädchen, das sich als Versager fühlt

Hey du Liebe,

ich weiß, es fällt uns nicht schwer, Gott böse Absichten zu unterstellen, aber er ist ganz anders, als du denkst! Er ist kein Diktator, kein grausamer Richter, kein böser Kriegsherr. Er ist kein ungerechter König. Und je besser du sein Wesen kennenlernst, desto intensiver wirst du seine Liebe zu dir erkennen.

Jesus hat unsere Schuld auf sich genommen. Du bist also frei. Das konnte nur er tun. Er hält dir deine Fehler nicht vor. Er schaut nicht verärgert auf dich herab, sondern möchte dir nahe sein.

Ja, Gott steht voll und ganz auf deiner Seite. Und er leidet mit, wenn es dir nicht gut geht. Vergiss das nicht, wenn du dich mal wieder als Versager fühlst und denkst, du hättest eine Strafe verdient. Gott steht immer an deiner Seite und schützt dich. Vor Gott brauchst du keine Angst zu haben. Egal, wie oft du es vermasselst, er wird dich nie verlassen. Er wird dir auch niemals Angst vor einer Strafe machen. Jesus steht für dich ein. Du brauchst nicht mehr wie auf rohen Eiern durch dein Leben zu schleichen, sondern kannst deinen Weg frei und ohne Angst gehen.

Gott wird sein Volk nicht verstoßen,
er wird dich als sein Eigentum nie verlassen!

NACH PSALM 94,14

Jesus steht für dich ein. Du darfst frei und ohne Angst leben,
Fehler zu machen.

43

Lege deine Rüstung an

Ich kann ihren Anblick nicht ertragen! Überhaupt nicht. Ich gebe mir Mühe, aber schon, wenn ich ihren Namen höre, zucke ich zusammen. An zwei Händen kann ich die Menschen abzählen, die mich nicht mögen und mir Unrecht getan haben. Insgeheim wünsche ich mir, dass sie Schlimmes erleben, und in der Zwischenzeit versuche ich, irgendwie meinen Frieden zu finden.

– Das Mädchen, das sich wehren möchte

Hey du Liebe,

ich sage dir jetzt etwas, das deine Einstellung zu den Menschen, die dir Böses wollen, auf Dauer verändern wird.

Aber zuerst möchte ich dich bitten, den Menschen, die dir nicht wohlwollend begegnen, nichts Schlechtes zu wünschen. Das ist kein guter Wunsch. Gott liebt auch diese Menschen, und möchte, dass sie seine Liebe kennenlernen.

Lass dir eines sagen: Diese Leute sind nicht deine eigentlichen Feinde. Betrachte deine Beziehung zu ihnen einmal unter dem Aspekt des Bösen, das in der Welt ist. Die Auseinandersetzung, in der wir stehen, ist nicht eine Auseinandersetzung mit Menschen, die wir sehen, sondern mit unsichtbaren Mächten der Dunkelheit, die uns Schaden zufügen wollen. Wehre dich DAGEGEN und lass dich nicht durch dein Verletztsein und deine Abneigung zum Werkzeug dieser negativen Kräfte machen. Wehre dich und schütze dich. In der Bibel hat Gott uns gezeigt, wie das gelingen kann. (Lies mal Epheser 6,10-18!) Bitte Gott, deine Einstellung den Menschen gegenüber zu verändern und dich stark zu machen, damit du mit seiner Hilfe alles abwehren kannst, von dem du dich bedroht fühlst. Unser Gott ist groß – das Gute wird immer den Sieg davontragen!

Noch ein Wort zum Schluss: Werdet stark durch den Herrn und durch die mächtige Kraft seiner Stärke! Legt die komplette Waffenrüstung Gottes an, damit ihr allen hinterhältigen Angriffen des Teufels widerstehen könnt. Denn wir kämpfen nicht gegen Menschen aus Fleisch und Blut, sondern gegen die bösen Mächte und Gewalten der unsichtbaren Welt.

EPHESER 6,10-12

Du gehörst zu Gott, und Gott wird immer den Sieg davontragen!

44

Das ist in Ordnung

Gott liebt mich, darum wird er auch dafür sorgen, dass alles gut läuft – richtig? Ich gebe mir solche Mühe und mache doch immer wieder dieselben Fehler. Das macht mich traurig. Manchmal frage ich mich, ob es überhaupt Zweck hat, um Verzeihung zu bitten. Es wird ja doch wieder passieren.

– Das Mädchen, das sich nicht traut, immer wieder um Verzeihung zu bitten

Hey du Liebe,

kein Mensch ist perfekt, und Gott erwartet das doch auch gar nicht von dir. Er wünscht sich von dir, dass du dir Mühe gibst, nichts zu tun, was ihm nicht gefällt. Er ist Gott, und er mag es nicht, wenn wir bewusst etwas tun, was nicht gut ist und sich negativ auf unsere Beziehung zu ihm auswirkt. Aber so muss es ja nicht sein. Jesus ist deine feste Verbindung zu Gott, und diese Verbindung kann durch nichts und niemanden zerstört werden.

Jesus ist in diese Welt gekommen, damit du zu ihm gehören kannst, und jetzt ist er bei Gott und setzt sich für dich ein. Deshalb darfst du dich jederzeit an Gott wenden, und er wird dir alles vergeben, immer. Wenn dir deine Fehler aufrichtig leidtun, vergibt er dir. Und er wird dir helfen, auch diese Fehler, die du immer wieder begehst, zu überwinden.

Du kannst immer wieder zu Jesus kommen und ihm sagen, was dich bedrückt. Er vergibt dir und schenkt dir Frieden. Er lässt dich mit deinen Fehlern nicht allein, sondern hilft dir – in jeder Situation.

Wenn wir ihm unsere Sünden bekennen,
ist er treu und gerecht, dass er uns vergibt
und uns von allem Bösen reinigt.

1. JOHANNES 1,9

Jesus kam in die Welt, um Menschen für sich zu gewinnen,
nicht, um sie zu verurteilen. Wenn uns unsere Fehler leidtun,
dann vergibt er uns gerne.

45

Leg alles ab, was dich einengt

Mit dem Thema Vergebung habe ich so meine Probleme. Ich halte nicht bewusst an meinen Groll fest, aber es ist nun mal viel leichter, ihn zu hegen und pflegen. Die Menschen, die mir wehgetan haben, haben meine Vergebung nicht verdient! Ich verdränge lieber meine Verletzungen oder verschließe sie tief in meinem Inneren. Und dann meide ich die Begegnung mit diesen Menschen.

– Das Mädchen, das einer Konfrontation lieber aus dem Weg geht

Hey du Liebe,

ich verstehe deinen Groll gut! Doch wenn du so unversöhnlich bist, hat die Person, die dir wehgetan hat, immer noch Macht über dich. An deinen Verletzungen festzuhalten, egal, wie weit sie in der Vergangenheit liegen, schadet dir mehr als den anderen. Immer. Denn die Last des Schmerzes und des Grolls zieht dich herunter, auch wenn du es vielleicht nicht wahrhaben willst. Verbitterung ist etwas Gefährliches. Denn sie hält dich in einer Opferhaltung gefangen. Sie kann deine Seele mit Wut und Ohnmacht vergiften und Aggression und Depressionen die Tür öffnen. Und auch dein Körper kann Schaden nehmen: Zum Beispiel können sich Schlafstörungen, Konzentrationsprobleme oder

Essstörungen entwickeln. Und auch deine Beziehung zu Gott leidet, wenn du an deinem Groll festhältst. Du brauchst die Beziehung zu den Menschen, die dir wehgetan haben, nicht wieder aufzunehmen. Das erwartet Gott auch gar nicht von dir. Aber er möchte, dass du über die Verletzung hinwegkommst.

Petrus, ein Jünger von Jesus, hat ihn einmal gefragt, wie oft ein Mensch vergeben sollte. Petrus meinte, sieben Mal sei ausreichend, aber Jesus sagte: „Nein! ... siebzigmal sieben Mal" (Matthäus 18,22; NL)! Vergib, damit DU frei wirst von der Last. Und überlasse Gott, was er mit der Person, die dich verletzt hat, tun wird.

Bitte Gott, dir zu helfen, loszulassen und zu vergeben – und deine Verletzungen zu heilen. Er ist derjenige, der wirklich frei machen kann!

Befreit euch von Bitterkeit und Wut, von Ärger, harten Worten und übler Nachrede sowie jeder Art von Bosheit. Seid stattdessen freundlich und mitfühlend zueinander und vergebt euch gegenseitig, wie auch Gott euch durch Christus vergeben hat.

EPHESER 4,30-32

Gott vergibt und ermöglicht Neuanfänge. Darum vergib auch du den Menschen, die dich verletzt haben. Damit du frei wirst.

46

Gott bringt zu Ende, was er angefangen hat

In meinem Kopf sind so viele Ideen, die ich gern umsetzen würde. Manches plane ich schon weit im Voraus, und manchmal fange ich einfach spontan etwas an. Doch ich muss gestehen, dass ich viele Projekte in Angriff nehme, aber nicht immer zu Ende bringe. Ich stecke mir viele Ziele, aber es fällt mir schwer, sie alle zu erreichen. Vielleicht bin ich einfach so, und das ist in Ordnung. Aber ich möchte nicht in die Schublade „bringt nichts zustande" gesteckt werden. Denn ich würde so gern echt was bewirken mit meinem Leben.

– Das Mädchen, das so viele Ideen hat

Hey du Liebe,

genau wie du habe ich immerzu viele Ideen im Kopf. Das ist aufregend! Manchmal kann ich mich nicht entscheiden, welche ich zuerst anpacken soll und welche ich lieber noch etwas zurückstelle. Mach es doch so wie ich: Lass dir von Gott zeigen, wofür du dich engagieren sollst. Das ist immer ein guter Weg. Sprich mit Gott, rede mit anderen über deine Ideen, höre in dich hinein und probiere einfach aus, welche Sachen dir liegen. Dann kommst du garantiert auf eine gute Spur – und überforderst dich nicht mit zu vielen Dingen gleichzeitig.

Gott wird dir auch helfen, die Dinge und Vorhaben, die ihm wichtig sind, zum Ziel zu führen. In Psalm 138,8 steht: „Gott wird alles zu einem guten Ende bringen. Herr, deine Gnade gilt für alle Zeit". Gott hat alles von Anfang an im Blick und er weiß, wer du bist, denn er hat dich geschaffen. Du bist sein Meisterwerk und wirst große Dinge tun, wenn du nahe an Jesus dranbleibst. So wirst du auch die Angst überwinden, nicht weiterzukommen oder zu scheitern.

Ich bin ganz sicher, dass Gott, der sein gutes Werk in euch angefangen hat, damit weitermachen und es vollenden wird bis zu dem Tag, an dem Christus Jesus wiederkommt.

PHILIPPER 1,6

Mit Gott an der Seite kannst du mutig Neues wagen. Lass dir von ihm zeigen, was gerade dran ist!

Gott loben, wenn niemand zuschaut

Ich habe so meine Zweifel, ob dieses ganze Getue in der Gemeinde, diese Lobpreislieder und emotionalen Ausbrüche wirklich echt sind. Ich glaube an Gott; aber ganz bestimmt nicht an diese Menschen. Wenigstens nicht an alle von ihnen. Vieles von dem Getue ist doch nur Show, und ich weigere mich, mich an solchen Spielchen zu beteiligen.

– Das Mädchen, das nicht leichtgläubig ist

Hey du Liebe,

ja, du hast recht, manchmal sind Dinge nicht echt, und Gott mag es gar nicht, wenn Leute nur eine Show abziehen. Er sucht vielmehr nach Menschen, die ihn ehrlich lieben und sich wirklich freuen über das, was er tut.

Aber pass auf, dass du andere nicht vorschnell verurteilst. Denn wir können Gott tatsächlich auf ganz unterschiedliche Weise loben. David tanzte in der Gegenwart Gottes, obwohl Könige das zur damaligen Zeit nicht taten. König David interessierte nicht, wer ihm dabei zusah. (siehe 2. Samuel 6,14). Und auch an anderen Stellen der Bibel wird berichtet, wie Menschen Gott lobten, tanzten, niederknieten, riefen und sehr laut Musik machten – mit Pauken, Trompeten und anderen Instrumenten.

Wenn wir in den Gottesdienst gehen, sind wir keine Besucher einer Veranstaltung, die unserer Unterhaltung dient, aber auch keine passiven Zuschauer. Wir hören auf die Predigt, ja, aber wir loben Gott auch. Wir loben ihn für erhörte Gebete und für alles Gute, das er uns schenkt. Wir loben ihn, weil er unsere Trauer in Freude verwandelt. Wir preisen Gott mit allem, was wir sind – mit unserem Verstand, aber auch mit unserer Seele und all den Emotionen, die dazugehören. Wir brauchen uns vor Gott nicht zu verstellen.

Es kann Zeiten geben, in denen wir die Gegenwart Gottes in der Gemeinde sehr stark erleben, und dann wiederum erleben wir vielleicht Phasen, in denen wir Gott eher in der Stille erleben. Aber auf jeden Fall freut Gott sich, wenn Menschen ihn ehrlich loben.

Suche die Nähe Gottes, wenn du allein bist. Das wird dein Leben verändern.

Wer mir Dank sagt, bringt mir ein Opfer, das mich wirklich ehrt. Wer auf dem Weg bleibt, der erfährt meine Rettung.

PSALM 50,23

Lobe Gott in der Stille, wenn du allein bist. Vieles siehst du dann vielleicht ein wenig klarer.

48 Was Gott traurig macht

Ich liebe Gott, aber ich will auch meinen Spaß haben. Er hat doch bestimmt nichts dagegen, wenn ich hier und da mal über die Stränge schlage, oder? Gott kennt mich doch. Und ich bin sicher, er wird mir vergeben, egal, was ich tue, wo ich hingehe und wie ich mein Leben gestalte.

– Das Mädchen, das den Augenblick genießen will

Hey du Liebe,

Gott hat nichts gegen Spaß und ausgelassene Freude, überhaupt nicht! Aber es gibt hier einen Unterschied: Du sprichst von „Spaß", den Gott hinterher vergeben soll. So eine Einstellung ist ziemlich problematisch. Wenn du Dinge tun willst, die Gott nicht gefallen, entfernst du dich immer weiter von ihm.

Wir Menschen sollten Gottes Erbarmen niemals ausnutzen. Gott lässt sich nicht zum Narren halten. Er liebt aufrichtige Reue, wenn wir etwas getan haben, das ihm nicht gefällt; aber er hat was dagegen, wenn wir vorsätzlich seine Gebote missachten.

Gott möchte, dass du den Dingen, die ihm nicht gefallen, den Rücken kehrst, damit er sich dir zuwenden kann!

Wenn du Jesus um Vergebung bittest, mit der festen Absicht, in deinem Tun genauso weiterzumachen wie bisher, dann ist das keine aufrichtige Reue. Aufrichtige Reue bewirkt immer Veränderung. Sie erfordert es, dass wir ehrlich sind und Gottes Liebe in uns wirken lassen. Lebe nicht nur für den Augenblick, sondern immer auch in seiner Gegenwart. Dann kannst du den Moment ungeteilt mit ihm genießen und Spaß haben, aber du meidest Sachen, die dir (und anderen) schaden und die Gott traurig machen.

Ist es dir gleichgültig, wie freundlich, geduldig und nachsichtig Gott mit dir ist? Siehst du nicht, wie Gottes Freundlichkeit dich zur Umkehr bewegen will?

RÖMER 2,4

Mit Gott an deiner Seite kannst du Dinge genießen, die dir Spaß machen und über die Gott sich auch freut.

49 Er wird etwas Gutes draus entstehen lassen

Warum ich? Es heißt, alles, was geschieht, hätte einen Grund, aber für das, was geschehen ist, gibt keinen Grund. Es gibt absolut keinen Grund!

– Das Mädchen, das leidet

Hey du Liebe,

es tut mir leid, dass du so etwas Schweres erleben musst. Gott fühlt den Schmerz, den du durchlebst, und er versteht voll, wie entmutigt du dich fühlst. Er ist dabei – mittendrin und ganz nah bei dir. Auch wenn du im Moment nicht an einen liebevollen Gott glauben kannst – eines Tages wirst du verstehen, dass seine Liebe zu dir unendlich groß ist und sich niemals verändert. Und: Eines Tages wirst du den Sieg davontragen. Dann wirst du erkennen, dass dein Schmerz die Grundlage geschaffen hat für etwas Neues. Manchmal erleben wir Schweres, so wie auch eine Geburt schmerzvoll ist. Aber durch den Schmerz hindurch kann tatsächlich etwas völlig Neues entstehen.

Doch im Augenblick brauchst du nicht darüber nachzudenken, wie das genau aussehen wird.

Gott versteht all deine Gefühle. Schrei deinen Frust heraus, auch wenn du zornig auf ihn bist. So haben es auch die Beter vieler Klagepsalmen in der Bibel gemacht. Du wirst nicht immer verstehen, warum Gott bestimmte Dinge geschehen lässt, aber reiche ihm dennoch deine Hand. Er kann und wird dir helfen, die Schwierigkeiten zu meistern.

Deine Gebete werden Vergangenes nicht ändern, aber Gott wird dir die Fesseln der Scham lösen, er wird dich von deinen Ängsten befreien und deinen Schmerz heilen.

„Sollte ich erst den Mutterschoß aufbrechen, es dann aber nicht zur Geburt kommen lassen?", fragt der Herr. „Sollte ich, der ich gebären lasse, die Geburt verhindern?", fragt dein Gott.

JESAJA 66,9

Ja, Gott wird am Ende etwas Gutes aus allem Schmerz entstehen lassen.

Mach mal langsamer
und verweile; genieße
den Frieden seiner
Gegenwart.

Eine Haltung der Dankbarkeit

Mein Leben steht komplett still. Ich habe zigfach versucht, selbst die Türen zu öffnen. Als ich schließlich erkannte, dass ich es allein nicht hinkriege, habe ich Gott darum gebeten – aber er lässt mich einfach warten. Auf einen Job. Auf die Liebe. Auf eine Familie. Auf Weiterentwicklung.

– Das Mädchen, das gezwungen ist zu warten

Hey du Liebe,

die Sache mit dem Warten kenne ich sehr gut. Viele Dinge laufen einfach nicht nach dem eigenen Zeitplan. Aber Unzufriedenheit und Frust müssen deshalb nicht deine ständigen Begleiter sein. Ich will dir einen Tipp geben: Probiere es mal mit einem Perspektivwechsel. Schau mal weg von all dem, was nicht so funktioniert, wie du es dir wünschst – und richte deinen Blick auf all das, wofür du jetzt in dieser Situation dankbar sein kannst. Na, wie viele Punkte bekommst du zusammen? Gott hat dich nicht vergessen! In Wartezeiten will Gott uns Mut machen und uns daran erinnern, dass er jetzt schon hinter den Kulissen wirkt. Wir wissen längst nicht alles, was Gott für uns tut. Doch er ist genug.

Eine dankbare Lebenshaltung ist nichts, was einfach so passiert; wir müssen uns aktiv darum bemühen. Vielleicht kommt dir das anfangs unecht vor, aber in der Bibel kannst du nachlesen, dass du Gott auf jeden Fall finden wirst, wenn du ihn suchst! (siehe 5. Mose 4,29). Wenn du das Gefühl hast, dass Gott nicht richtig für dich da ist, dann fang an, ihm zu danken für das, was er bereits getan hat – und noch tun wird –, und dass er selbst Gott und Herrscher über alles ist. Wenn wir nur auf unsere ungestillten Bedürfnisse starren und uns nicht mehr darauf konzentrieren, unseren Vater im Himmel immer besser kennenzulernen, werden wir übersehen, was er alles für uns bestimmt hat.

Seid immer fröhlich. Hört nicht auf zu beten. Was immer auch geschieht, seid dankbar, denn das ist Gottes Wille für euch, die ihr zu Jesus gehört.

1. THESSALONICHER 5,16-18

Eine Haltung der Dankbarkeit hilft dir, dich an alles Gute zu erinnern, das Gott schon für dich getan hat.

51

Abgelehnt, aber stark in ihm

Die Leute halten mich für beschränkt, weil ich an Gott glaube. In ihren Augen bin ich verrückt, weil ich Christin bin und Gott mit meinem Lebensstil gefallen möchte. Ich sehe ihre Blicke, höre ihr Tuscheln. Manche machen mich sogar in der Öffentlichkeit schlecht. Ich kann nicht verstehen, warum mir so viel Ablehnung entgegenschlägt, weil ich an Gott glaube!

– Das Mädchen, das wegen seines Glaubens abgelehnt wird

Hey du Liebe,

mach dir nicht allzu viel draus, wenn manche Menschen dich ablehnen. Auch Jesus wurde abgelehnt und sehr viele andere Christen haben wegen ihres Glaubens Schwierigkeiten. Ja, manchmal reicht es schon, nur den Namen Jesus auszusprechen. Er weiß, wie sehr es wehtut, wenn man ignoriert und ausgeschlossen wird. Er weiß, wie weh es tut, wenn man beleidigt und Opfer einer Hetzkampagne wird. Er weiß das, weil er das auch erlebt hat.

Als Jesus auf der Erde lebte, hat er krasse Demütigungen geduldig hingenommen. Er hat sein Leben gegeben für genau die Menschen, die ihn angespuckt, ausgepeitscht und schließlich ans Kreuz geschlagen haben. Er ist sogar für die Menschen gestorben, die heute immer noch nicht an ihn glauben. Doch am dritten Tag ist Jesus dann von den Toten wieder ins Leben zurückgekommen.

Einige Leute wollen dich kleinmachen, aber Gott will dich aufbauen. Aber auch wenn andere dich ablehnen oder sich über dich lustig machen: Gott wird an deiner Seite sein und dir helfen. Er ist stark – und er lebt in dir! Aber das wissen die, die sich dir gegenüber negativ verhalten, natürlich nicht. Diejenigen, die keine Hemmungen haben, dich in aller Öffentlichkeit schlechtzumachen, werden hoffentlich auch aus nächster Nähe erleben, wie viel Gutes Gott für dich tun wird.

Glücklich sind die, die verfolgt werden, weil sie in Gottes Gerechtigkeit leben, denn das Himmelreich wird ihnen gehören. Glücklich seid ihr, wenn ihr verspottet und verfolgt werdet und wenn Lügen über euch verbreitet werden, weil ihr mir nachfolgt. Freut euch darüber! Jubelt! Denn im Himmel erwartet euch eine große Belohnung.

MATTHÄUS 5,10-12

Auch wenn wir wegen unseres Glaubens von einigen abgelehnt werden: Gott ist an unserer Seite und schenkt uns Gutes.

52

Worauf hörst du?

Immer beschäftigt, so viel zu tun! Ich habe keine Zeit für mich, aber meinen Freundinnen kann ich damit nicht kommen. Die Schule hat oberste Priorität, die Arbeit. Gott hat doch bestimmt Verständnis für meinen vollen Terminkalender. Ich würde ja gerne mehr Zeit damit verbringen, in der Bibel zu lesen und zu beten, aber wann immer ich es versuche, holt mich meine To-Do-Liste wieder ein. Aber auf dem Weg zur Bushaltestelle höre ich mir wenigstens Lobpreismusik an. Das ist doch schon mal was, oder?

– Das Mädchen, das echt viel zu tun hat

Hey du Liebe,

ich höre aus deinen Zeilen heraus: Es ist dir ein Anliegen, regelmäßig in Gottes Nähe zu kommen. Oder? Höre mal ehrlich in dich hinein: Ist es dir wirklich wichtig, Zeit mit Gott zu verbringen, oder schwimmst du als Christ nur so mit; die Sache mit Gott ist für dich eher so etwas wie das Topping auf dem Cupcake?

Gott möchte, dass wir bei ihm nicht an zweiter, dritter oder gar fünfter Stelle stehen. Natürlich hat fast jeder von uns viel zu tun, keine Frage. Aber selbst in der Hektik des Alltages können wir bei ihm zur Ruhe kommen. Auch, über Bibelworte nachzudenken, ist eine gute Routine, die wir uns aneignen können. Das muss nicht gleich eine halbe Stunde sein, versuch es mal mit ein paar Minuten. Zum Beispiel mit der App „YouVersion" oder der Bibellesehilfe „Pur" (siehe www.bibelzeit.net). All das kann dir helfen, aus dem Lärm und den vielen Stimmen um dich herum Gottes Reden herauszuhören. Wenn du den Lärm der Welt für einen Moment ausblendest und dich auf seine Stimme ausrichtest, wirst du mehr und mehr erkennen, wer Gott für dich ist. Bitte ihn doch, dir zu zeigen, wie du deine Prioritäten und To-Do-Listen in den Griff kriegen kannst. Er kann dir die nötigen Ruhepausen verschaffen und dir Zeit für dich selbst schenken. Er ist immer in der Lage, dir helfen, wenn dein Leben wieder mal in Hektik zu versinken droht.

Glücklich kannst du sein, wenn du nicht das machst, was alle anderen um dich herum auch tun. Wenn du über Gottes Wort nachdenkst, dann bist du wie ein Baum an einem Flussufer, der Jahr für Jahr reichlich Früchte trägt und dessen Blätter nicht verwelken. Wenn du auf das hörst, was Gott dir sagen will, ist dein Leben in einer guten Spur.

NACH PSALM 1,1-3

Wenn wir Gottes gute Worte immer wieder an uns heranlassen, finden wir Halt und Orientierung. Dann können uns die vielen anderen Dinge nicht so sehr ablenken, und wir werden seine Stimme deutlicher hören.

Warte, da ist noch mehr

Ich war diejenige mit den großen Hoffnungen. Schlüsselwort: *war*. Doch die Realität hat mich eingeholt und jetzt stehe ich mit leeren Händen da. In meinem Leben gab es diese unvergleichlich tollen Momente – ich hatte Energie und so viele gute Sachen, die mich an diese besonderen Augenblicke erinnern. Aber je mehr Zeit vergeht, desto deutlicher erkenne ich, dass alles, was ich bekomme, mir irgendwann doch wieder weggenommen wird.

– Das Mädchen, das mit leeren Händen dasteht

Hey du Liebe,

ich kann dich so gut verstehen. Ich würde dich gern fest in meine Arme schließen und dir sagen, dass das Beste noch kommt!

Solche Enttäuschungen und Verluste sind sehr schmerzhaft. Mir hilft hier ein Video, das ich mal gesehen habe: Ein Mann drückt einem Mädchen einen Teddy in die Hand, nimmt ihn ihr aber nach ein paar Sekunden wieder weg und rennt davon. Dann kommt er mit einem größeren Teddy zurück und legt ihn liebevoll in die Arme der Kleinen, doch kurz darauf nimmt er ihr den Bär auch wieder weg! Zum letzten Mal kommt dieser mysteriöse Typ zurück und legt dem Mädchen schließlich den größten Teddy in die Arme, den es je gegeben hat – und den darf die Kleine schließlich behalten.

Das kleine Mädchen war ganz bestimmt zweimal sehr enttäuscht. Mir wäre das auf jeden Fall so gegangen! Unwillkürlich muss ich darüber nachdenken, wie böse wir auf Gott werden, wenn er zulässt, dass uns das Gute weggenommen wird, das er uns doch selbst geschenkt hat. Doch ich glaube, jedes Mal, wenn das passiert, zeigt er uns, dass er etwas noch Größeres und Besseres für uns bereithält. Aber leider vergessen wir das in einer Situation großer Enttäuschung immer wieder.

Es ist schwer, etwas zu verlieren, das uns glücklich gemacht hat, aber wir dürfen darauf vertrauen, dass Gott uns so viel Gutes schenken möchte. Als Menschen, die zu Gott gehören, dürfen wir daran glauben, dass Gott auf unserer Seite steht und immer nur Gutes für uns möchte. Jesus gehört zu uns und kann uns niemals weggenommen werden.

Kein Auge hat je gesehen, kein Ohr je gehört
und kein Verstand je erdacht, was Gott für
diejenigen bereithält, die ihn lieben.
1. KORINTHER 2,9

Gott hat immer das Beste für uns im Sinn, denn er ist
unser fürsorglicher himmlischer Papa.

54 Das ist deine Gelegenheit!

Diese eine Sache geht mir nicht mehr aus dem Kopf. Sollte ich es wirklich wagen? Ich trau mich nicht … Und wie soll ich es überhaupt in Angriff nehmen? Und was ist, wenn ich es gar nicht kann? Hm … ich glaube, ich warte lieber noch auf ein ganz deutliches Zeichen von oben.

– Das Mädchen, das alles ganz genau wissen will

Hey du Liebe,

ja, manchmal „stupst" Gott uns an, weil er möchte, dass wir aktiv werden: jemanden konkret Hilfe oder ein Gebet anbieten, eine neue Sache ausprobieren, im Jugendkreis mitarbeiten oder sonst eine Herausforderung anpacken. Wenn dir eine Sache nicht mehr aus dem Kopf geht oder keine Ruhe lässt, kann das ein Hinweis sein. Hast du dir schon mal angeschaut, wie viele Menschen in der Bibel sich vor den kleinen und großen Aufträgen gedrückt haben, die sie von Gott bekommen hatten? Mose hatte eine Ausrede: „Aufgrund meines Sprachfehlers eigne ich mich nicht für diesen Job, Gott." Jeremia argumentierte: „Ich bin viel zu jung!" Jona ergriff einfach die Flucht und Gideon forderte Extra-Zeichen von Gott, um ganz sicher zu gehen. Wo all diese Menschen Schwächen und Hindernisse sahen, sah Gott Möglichkeiten. Gott lässt sich aber durch unsere tatsächlichen oder vermeintlichen Schwächen nicht aufhalten. Er kann uns gebrauchen, auch wenn wir uns absolut ungeeignet oder fehl am Platz fühlen.

Gott schenkt den Menschen, denen er einen Auftrag gibt, immer auch die Fähigkeiten, ihn auszuführen. Wenn Gott uns anstupst – und wenn wir auf ihn sehen und auf ihn vertrauen –, werden wir in der Lage sein, die Herausforderung anzupacken, trotz unserer Unzulänglichkeiten, und obwohl wir so gern wissen würden, was als Nächstes kommt.

Also: Sei stark und mutig. Geh los, wenn Gott dich herausfordert, eine bestimmte Sache zu tun. Manchmal gibt er dir nähere Erklärungen, manchmal aber auch nicht. Doch er wird dich immer führen, wenn er dir etwas aufgetragen hat.

„Und du, mein Sohn Salomo, lerne den Gott deines Vaters kennen. Diene ihm von ganzem Herzen und von ganzer Seele. Denn der Herr sieht ins Herz der Menschen und versteht es; er kennt jeden unserer Gedanken. Wenn du ihn suchst, wirst du ihn finden. [...] Mach dir bewusst, dass der Herr dich erwählt hat, ihm ein Heiligtum zu bauen. Sei stark und mach dich an die Arbeit!"

1. CHRONIK 28,9-10

Gott kann uns gebrauchen und durch uns wirken, auch wenn wir uns völlig unfähig fühlen oder total unsicher sind.

Sei kein U-Boot-Christ

In der Gemeinde ist es leicht für mich, Christ zu sein. Da kann ich in der Gemeinschaft mit anderen singen, beten, auf die Predigt hören. Doch außerhalb des Gemeindehauses ist das anders. Meine Leidenschaft für Gott ist dann gedämpft, meine Stimme wird leiser, und ich passe mich an, weil ich nicht auffallen will.

– Das Mädchen, das seinen Glauben lieber für sich behält

Hey du Liebe,

vielleicht hast du Angst, dass du als Christ ausgegrenzt wirst, und verhältst dich deshalb wie ein „U-Boot-Christ": Du tauchst einfach ab in der Hoffnung, dass bloß niemand merkt, dass du Christ bist.
Vielleicht liegen deine Prioritäten in deinem Leben aber auch ganz woanders, und Gott ist gar nicht das Wichtigste in deinem Leben. Deshalb schweigst du und folgst all den Trends und machst all die Sachen mit, weil es eben alle anderen auch machen und weil es „cool" ist. Bei schwierigen Themen hältst du lieber den Mund, um nicht negativ aufzufallen.
Jesus hat mal von einem „lauwarmen Christsein" (siehe Offenbarung 3,15) gesprochen, also einem Glauben, der

nichts Halbes und nichts Ganzes ist. Aber wir müssen uns entscheiden: Wollen wir wirklich Ganze Sache mit Gott machen?

Du kannst dich nicht Christin nennen, wenn du dich innerhalb der Gemeinde als die Fromme verhältst, außerhalb der Gemeinde aber nach einem völlig anderen Maßstab lebst.

Bitte Gott doch, dich neu mit seinem Geist zu erfüllen und dir zu zeigen, wie du als Christin leben kannst, mit ganzem Herzen – überall, wo du bist. Bitte ihn, dass andere an deinem Leben erkennen können, dass du für ihn lebst und sein Licht durch dich scheint, auch wenn du nicht über deinen Glauben redest. Schäme dich nicht für deinen Glauben! Du wirst erleben, dass Gott durch dich wirkt, und dir auch den Mut schenkt, dich zu ihm zu bekennen.

Denn ich schäme mich nicht für diese Siegesnachricht Gottes. Sie ist eine starke Kraft, die von Gott kommt, und schenkt jedem, der auf Jesus vertraut, die Erlösung.

RÖMER 1,16; DB

Gott möchte dich ganz, und er möchte dir den Mut schenken, deinen Glauben überall zu leben – damit andere Menschen von seiner Liebe berührt werden.

Dein Tröster

Ich habe keine Ahnung, was ich zu Gott sagen soll. Und auch nicht, was ich zu anderen sagen soll. Ich bin nur noch verzweifelt und mein Schmerz klingelt mir in den Ohren.

– Das Mädchen mit dem Schmerz, der lauter ist als Worte

Hey du Liebe,

du kannst Gott alles sagen – aber du MUSST nicht reden. Er kennt deinen Schmerz und alle deine Gefühle. Manchmal heißt beten auch, vor Gott zu schweigen und in seiner Nähe zu verweilen – ganz ohne Worte. Und Gott versteht das.

Gott weiß, wie es uns geht, und er kennt genau das richtige Heilmittel für unsere Wunden. Er möchte uns helfen, wieder heil zu werden. Das Einzige, was wir tun müssen, ist, offen zu bleiben und ihn an unsere Wunden heranzulassen.

Wende dich an Jesus, er ist ein treuer Freund. Verlasse dich auf ihn, wenn es dir schlecht geht. Er will dir Frieden schenken und dich trösten. Er ist der beste Tröster, den es gibt! Jemand, der tröstet, schenkt dem Trostbedürftigen mit Worten, Gesten und Taten wieder

Festigkeit, Halt, Zuversicht und Ermutigung im Leid.
So kann der Schmerz langsam abklingen und Kraft zum
Weitergehen wachsen.
Gib Gott die Gelegenheit, dir zu begegnen. Er liebt dich,
auch wenn es dir schlecht geht, und er möchte nur Gutes
für dich. Jeder Moment deines Lebens steht in seiner
Hand. Er hat alles in seinem liebevollen Blick.

*Er ist der Ursprung aller Barmherzigkeit
und der Gott, der uns tröstet. In allen Schwierigkeiten
tröstet er uns, damit wir andere trösten können.
Wenn andere Menschen in Schwierigkeiten geraten,
können wir ihnen den gleichen Trost spenden,
wie Gott ihn uns geschenkt hat.*

2. KORINTHER 1,2-3

Dein Klagen, deine Seufzer und sogar dein Schweigen –
Gott versteht auch deine Sprache ohne Worte. Er weiß um deinen
Schmerz und legt tröstend seine Arme um dich.

„Damit kommen sie nicht durch!"

Ich kann gar nicht mehr klar denken! Eigentlich bin ich nicht nachtragend, zumindest bemühe ich mich, es nicht zu sein. Ich weiß ja, dass das nicht gut ist, aber Gott, du musst mir helfen! Ich gebe mir wirklich Mühe, mich nicht an bestimmten Dingen festzubeißen, und manchmal habe ich den Eindruck, dass mir das auch gelingt, doch dann habe ich wieder ein ähnliches Erlebnis, und meine Wut gewinnt erneut die Oberhand. Hattest du nicht versprochen, meine Gegner zu bestrafen?

– Das Mädchen, das sich zurückgesetzt fühlt

Hey du Liebe,

in den vergangenen Jahren habe ich eine Reihe von Verletzungen und Angriffen erlebt. Schließlich sagte ich: „Jetzt reicht es." In mir war nur noch Bitterkeit. Zwar wusste ich, dass ich eigentlich vergeben sollte, doch ich konnte meinen Zorn einfach nicht überwinden.

Im ersten Buch Mose sagt Gott zu seinem treuen Freund Abraham: „Wer dich segnet, den werde ich auch segnen. Wer dich verflucht, den werde ich auch verfluchen" (12,3; NL). Ganz im Ernst, ich habe mir diesen Vers in meiner Bibel dick unterstrichen und laut zu Gott gesagt: „Na, dann verfluche sie doch!"

Gott brauchte für meinen Geschmack viel zu lange, um diejenigen zu bestrafen, die mich verletzt hatten, und ich befürchtete, dass er sie mit ihrem Verhalten davonkommen lässt. Manchmal hatte ich sogar den Eindruck, dass er sie auch noch dafür belohnt.

Um diese Gefühle abwehren zu können, musste ich lernen, diese Stimme in mir, die mich immer wieder an das begangene Unrecht erinnerte, zum Schweigen zu bringen. Und ich musste mir bewusst machen, dass Gott mir das, was er für mich vorgesehen hat, nicht schenken kann, wenn sich mein ganzes Denken nur noch um Unrecht dreht, das ich erlitten hatte.

Und darum rate ich dir: Lass deine Wut los, und freue dich auf das, was Jesus für dich vorgesehen hat. Heil werden kannst du nur, wenn du dich überwinden kannst, für die Menschen zu beten, die dich verletzt haben.

Gott selbst wird für euch kämpfen. Bleibt ganz ruhig.

2. MOSE 14,14

Lass los. Das Unrecht. Deine Wut. Deine Rachegedanken.
Gott wird für dich kämpfen. Er kann dich heilen, wenn du
loslässt und ihn ranlässt.

58

„Hilfe, ich kapier's einfach nicht!"

Ich brauche dreimal länger als die meisten meiner Mitschüler, um den Schulstoff zu kapieren. Sie checken alles gleich beim ersten Mal, während ich ausführliche Erklärungen und Beispiele brauche. Es ist mir peinlich, Fragen zu stellen, denn das zeigt ja nur, wie unfähig ich bin.

– Das Mädchen, das Probleme in der Schule hat

Hey du Liebe,

Jesus ist bei dir und hilft dir! Vergleiche dich nicht mit anderen. Sie haben Stärken, aber auch ihre Schwächen. Und du hast auch Stärken! Aber vielleicht liegen die woanders als in bestimmten Schulfächern.

Zu Beginn seiner Königsherrschaft wurde Salomo von Gott in einem Traum gefragt: „Was wünschst du dir von mir?" Salomo hätte sich alles auf der Welt wünschen können – Reichtum, Macht und Einfluss, doch er bat Gott um etwas ganz anderes: um Weisheit und Wissen. Und weil er so bescheiden war, schenkte ihm Gott nicht nur das, worum er gebeten hatte, sondern auch noch Reichtum und Ehre dazu.

Du darfst Gott um alles bitten. Das muss dir nicht peinlich sein. Du kannst ihn – wie Salomo – um Weisheit und Verständnis bitten. Er wird es dir geben. Gott will dir beim Lernen den nötigen Durchblick schenken. Er wird auch bei den größten Prüfungen im Leben als Ratgeber an deiner Seite sein.

Wenn jemand unter euch Weisheit braucht, weil er
wissen will, wie er nach Gottes Willen handeln soll,
dann kann er Gott einfach darum bitten. Und Gott,
der gerne hilft, wird ihm bestimmt antworten,
ohne ihm Vorwürfe zu machen.

JAKOBUS 1,5

Gott wird dir den nötigen Durchblick schenken,
wenn du ihn darum bittest.

59

Seine Liebe jagt dir hinterher

Ich bin viel zu weit gegangen, aber jetzt kann ich nicht mehr zurück. Ich hab meinen Ausflug für ein Abenteuer gehalten, aber meine Faszination ist schnell verblasst. Die Orte, an die ich gekommen bin, fühlen sich fremd an, aber eigentlich weiß ich schon gar nicht mehr, wie sich „zu Hause" anfühlt.

– Das Mädchen, das sich verirrt hat

Hey du Liebe,

kein Ort dieser Welt ist zu weit von Gott entfernt. Egal, wie weit du gelaufen bist, du kannst umkehren, zurück in die Arme Gottes.

Vielleicht hast du dich verirrt, aber Gott hat dich bereits gefunden. Wie der Hirte, der hundert Schafe besitzt. Er ließ die neunundneunzig zurück, um das eine Schaf zu suchen, das verloren gegangen war. Er ist dir schon längst nachgegangen. Und jetzt möchte er dich auf seinen Armen wieder dort hinbringen, wo du hingehörst, und mit dir feiern. Anfangs bist du vielleicht noch unsicher, wenn du in der Nähe Gottes bist, aber Tag für Tag wirst du mehr lernen, seiner Liebe wieder neu zu vertrauen.

Ich weiß nicht, wovor du davongelaufen bist, aber du sollst wissen, dass er aus deiner Vergangenheit etwas

Gutes machen will und kann. Du gehörst zu ihm, und nichts kann dich von ihm und seiner Liebe trennen. Niemand kann dir deinen Platz streitig machen. Unsere Fehler haben keinen Einfluss darauf, wie sehr Gott uns liebt. Unsere schlechten Angewohnheiten können ihn nicht abschrecken, auch nicht unser Versagen, unsere Schuld oder sonst etwas. Seine Liebe hört nie auf, und sein Erbarmen ist riesig. Wenn du dich umdrehst, wirst du sehen, dass seine Liebe dir die ganze Zeit nachgelaufen ist – „his goodness is running after me", heißt es in dem Song „The Goodness of God" von Jen Johnson. Ja, dein Zuhause ist in ihm ... „‚cause all my life you have been faithful" – weil er dein ganzes Leben lang treu war und dir treu bleiben wird.

Jesus sagte: „Genauso ist im Himmel die Freude über einen verlorenen Sünder, der zu Gott zurückkehrt, größer als über neunundneunzig andere, die gerecht sind und gar nicht erst vom Weg abirrten."

LUKAS 15,7

Du kannst vor Gott nicht weglaufen –
seine Liebe jagt dir immer nach.

Vaterherz-Tag

Heute ist wieder so ein Tag. „Wir sehen uns später", an diese letzten Worte erinnere ich mich genau. Aber jetzt ziehen die Jahre ins Land und nichts passiert. Es ist ein Tag voller Anspannung. Ich vermeide es, Instagram zu öffnen, um nicht mit den vielen Familienfotos konfrontiert zu werden. Es ist wieder so ein Tag, an dem ich daran erinnert werde, dass dieser geliebte Mensch, der mir so viel bedeutet, nicht mehr hier bei uns ist.

– Das Mädchen, das den Tag gern hinter sich bringen würde

Hey du Liebe,

das ist eine völlig verständliche Reaktion. Trauer ist ein starkes Gefühl, das Raum und Zeit braucht – weil deine Seele Zeit braucht, das Schwere zu verarbeiten. Vergiss nie: Dein Papa im Himmel ist immer für dich da. Er verlässt dich nie und nimmt dich tröstend in seine Arme. Hier auf der Erde erleben wir immer wieder, dass die Liebe von Menschen nichts Ewiges ist und irgendwann zu Ende geht. Kein lieber Mensch kann ewig bei uns sein. Weil das so ist, hilft es mir sehr, auf den Einen zu schauen, der mich auf immer und ewig liebt. Gottes Wesen ist Liebe, und er lädt mich und dich ein – gerade jetzt, in diesem Augenblick –, seinen Frieden zu erleben.

Du bist sein Kind, und er möchte dir versichern, dass er niemals aus deinem Leben verschwinden wird. Du brauchst nicht auf seinen Anruf zu warten; er hört dir bereits zu. Du brauchst kein Treffen mit ihm zu vereinbaren; er ist bereits da. Nichts, was du tust, könnte ihn dazu bringen, dich zu verlassen.

Wann immer du dich traurig, einsam oder nicht liebenswert fühlst, will er dich mit seiner Liebe umhüllen, die ewig ist. Egal, was du hier auf dieser Erde erlebst: Dein Papa im Himmel liebt dich. Heute ist Vaterherz-Tag, und auch morgen und übermorgen. Es ist SEIN Tag – versuche doch mal, ihm deine ganze Aufmerksamkeit zu schenken.

Deine Liebe ist unvergleichlich. Du bist unser Gott,
du breitest deine Flügel über uns und gibst uns Schutz.

PSALM 36,8; GN

Du bist Gottes Kind, und er möchte dir versichern,
dass er niemals aus deinem Leben verschwinden wird.

61 Ein Platz an seinem Tisch

Wenn ich einen Raum betrete, fühle ich mich nie wirklich willkommen. Das ist immer so. Ich merke, dass die Menschen total beschäftigt sind mit sich selbst. Sie haben ihren Spaß und plaudern miteinander. Einige lachen sogar über mich oder gehen weg, wenn ich auf sie zukomme. Niemand würde etwas vermissen, wenn ich gar nicht auftauchen würde.

– Das Mädchen, das sich nicht willkommen fühlt

Hey du Liebe,

ja, das Gefühl, nicht dazuzugehören und fehl am Platz zu sein, ist schrecklich. Vielleicht nehmen dich die anderen nicht wahr, weil du eher still bist, oder sie meiden dich, weil du ihrer Meinung nach nicht zu ihnen passt. Egal, ob die Ablehnung nur ein Gefühl oder tatsächlich real ist: Du bist ein wertvoller Mensch, und dein Selbstwertgefühl solltest du nicht von der Meinung oder dem Verhalten anderer abhängig machen. Bei Gott hast du einen Platz; er sieht dich. An seinem Tisch ist extra für dich reserviert. Bei Gott herrscht eine Atmosphäre der Liebe und Annahme. An seinem Tisch bekommst du alles, was du brauchst: Nahrung für deine Seele, Gemeinschaft, Ruhe und neuen Mut. Du brauchst dein Essen nicht hastig hinunterzuschlingen, es gibt von allem genug. Du darfst es genießen. Du brauchst dich nicht ängstlich umzuschauen, denn bei ihm bist du vollkommen angenommen und geliebt.

Auch wenn Menschen dich ablehnen, Gottes Meinung über dich steht fest. Nichts kann daran etwas ändern. Er weiß schon, wie er dir Gutes tun kann. Halte daran fest, dass du bei Gott angenommen bist, und er dich einlädt, an seinem gedeckten Tisch Platz zu nehmen. Immer.

Du deckst mir einen Tisch vor den Augen meiner Feinde. Du nimmst mich als Gast auf und salbst mein Haupt mit Öl.

PSALM 23,5

Er ist ein Gott, der dich sieht, annimmt und dich in seine Gegenwart einlädt.

62 Der Glaube ist stärker als die Furcht

Überall Krisen! In den Nachrichten werden alle paar Stunden beunruhigende Neuigkeiten verkündet: Kriege, Umweltkatastrophen, Radikalisierung, Inflation, neue Krankheiten. Die Panik der Menschen ist deutlich spürbar. Noch bevor ich die Haustür öffne, werde ich mit dieser Angst konfrontiert, und ich bin kurz davor, mich ebenfalls von ihr verschlingen zu lassen.

– Das Mädchen, das Angst hat

Hey du Liebe,

du hast die Wahl: Du kannst dich verkriechen und der Angst und den schlimmen Nachrichten Macht über dich geben. Oder all das abschütteln und unbeirrt deinen Weg gehen – im Vertrauen darauf, dass Jesus es für dich gut machen wird.

Gott hat seinen Kindern Sicherheit versprochen, eine Sicherheit, die es nur bei ihm gibt. Wenn du dir durch deine Lebensumstände Angst einjagen lässt, vertraust du im Grunde seinem Versprechen nicht. Ja, Tod, Krankheit und Zerstörung, all das existiert. Doch du hast die Möglichkeit, dein Leben so zu führen, wie Jesus es sich für dich wünscht – ohne Angst und Unfrieden, trotz all der schlimmen Dinge, die täglich auf der Welt passieren.

Du brauchst nicht in den Panikmodus zu verfallen. Reduziere den Konsum negativer Nachrichten – du tust deiner Seele damit was Gutes. Vertraue Gott. Du hast dein Leben nicht in der Hand und kannst es nicht retten – Gott allein ist es, der alles in seiner Hand hat. Lass den Glauben in deinem Leben praktisch werden. Vertraue seiner Fürsorge. Seine Liebe und sein Frieden haben die Kraft, alle Furcht zu vertreiben. Worauf setzt du dein Vertrauen? Auf deine eigenen Fähigkeiten oder auf Jesus?

Jesus sagte: „Ich lasse euch ein Geschenk zurück – meinen Frieden. Und der Friede, den ich schenke, ist nicht wie der Friede, den die Welt gibt. Deshalb sorgt euch nicht und habt keine Angst."

JOHANNES 14,27

Wenn die Angst in dir hochkriecht, straffe deine Schultern und geh deinen Weg im Vertrauen darauf, dass Jesus alles gut machen wird.

63 Gib von ganzem Herzen ab

Jede Gemeinde oder Organisation will doch nur mein Geld. Ich zögere, da was zu geben, denn ich will gar nicht wissen, wohin es versickert. Ich muss auch gestehen, dass ich anderen nicht so gern helfe, weil ich ja selbst nicht viel habe, und ich mir nicht sicher bin, ob dann noch genug für mich übrig bleibt.

– Das Mädchen, das nicht gern abgibt

Hey du Liebe,

ich verstehe dein Zögern. Im Namen Gottes geschieht viel Unrecht, und Habgier ist eine der Ursachen dafür. Aber nicht alle Organisationen verhalten sich unehrlich und veruntreuen ihnen anvertrautes Geld. Such dir eine vertrauenswürdige Gemeinde, ein glaubwürdiges Werk, und dann investiere dich von ganzem Herzen da hinein, mit deinem Geld und vielleicht auch mit deiner Kraft. Gott freut sich über jeden, der fröhlich und freiwillig abgibt. Er sehnt sich danach, dass du etwas von deinem Besitz weggibst, weil du es wirklich möchtest. Wie groß ist dein Vertrauen in Gott tatsächlich? Wie groß ist deine Liebe zu den Menschen? Gott sagt, wenn wir knauserig säen, werden wir auch nur wenig ernten, aber wenn wir großzügig geben, wird auch unsere Belohnung großzügig ausfallen (siehe 2. Korinther 9,6).

Gott möchte uns gerade dann, wenn wir glauben, nicht genug zu haben, zeigen, dass wir bei ihm nicht zu kurz kommen. Er wird dir helfen, wenn du dringend Geld oder Unterstützung brauchst, zum Beispiel für eine Klassenfahrt, einen Kurzzeiteinsatz oder den Führerschein.

Gib von dem, was du hast, mit fröhlichem Herzen ab, nicht aus Mitleid oder weil du es als deine religiöse Pflicht ansiehst. Über ein Geschenk, das wir nur widerwillig geben, kann Gott sich nicht richtig freuen. Denk mal an die arme Witwe in der Geschichte, die Jesus erzählt (siehe Lukas 21,1-4). Die Frau hat alles gegeben, was sie besaß. Krass, oder? Gott wünscht sich, dass wir ihm voll und ganz und in allem vertrauen.

Da rief Jesus seine Jünger zu sich und sagte:
„Ich versichere euch: Diese arme Witwe hat mehr
gegeben als alle anderen. Denn sie alle haben nur
einen winzigen Bruchteil von ihrem Überfluss
abgegeben, während diese Frau, so arm sie ist,
alles gegeben hat, was sie besaß."

MARKUS 12,43-44

Auch wenn du nicht viel Geld hast: Bei Gott bist du
trotzdem reich beschenkt.

Am Boden zerstört

Alles ist wie ein Kartenhaus in sich zusammengefallen. Ich hab komplett den Halt verloren und bin am Boden zerstört. Aber ganz tief in mir drin weiß ich, dass ich diesen Schmerz aushalten werde, irgendwie – wenn ich mir vor Augen halte, dass ich irgendwann an einem anderen Punkt angekommen sein werde. Es ist nur schwer, die Situation jetzt, in diesem Augenblick, anzunehmen …

– Das Mädchen, das am Boden liegt

Hey du Liebe,

gib nicht auf! Ich hab die Erfahrung gemacht, dass erst alles gut wird, wenn wir Gott in alles, was in unserem Leben geschieht, mit hineinnehmen. Zum Beispiel dachte ich vor ein paar Jahren, ich hätte ihm bereits alles überlassen, doch dann zeigte er mir, dass ich ihm eine Sache noch nicht anvertraut hatte, die ich krampfhaft festhielt. Er zeigte mir, dass ich loslassen darf. Und ich lernte in einer schwierigen Lebensphase, ihm meine leeren Hände hinzuhalten. Wenn wir loslassen und die Dinge ihm überlassen, kann Gott etwas in unserem Leben verändern.

Als ich in der Bibel die Geschichte über David las, fiel mir auf, dass dieser bedeutende Mann innerhalb von zehn Jahren alles verloren hatte: seine Beliebtheit, seine Frau, seinen Mentor, seinen besten Freund, sein Land und am

Ende auch noch seine Würde. Aber was er gewann, war die vollkommene Abhängigkeit von Gott, der seine Kinder nie im Stich lässt.

Gott liebt uns, aber er kann keine großen Dinge tun, wenn wir es nicht zulassen. Wenn wir uns trotzig vor ihm verschließen, kann er nicht so wirken, wie er es gern tun möchte. Das Positive ist, und das ist meine Erfahrung und die vieler anderer Menschen: Wenn es uns richtig schlecht geht, kann Gott uns leichter an sein Herz ziehen.

Gott ist denen nahe, die am Boden liegen. Er hilft uns, wenn es uns schlecht geht. Diese schwierigen Zeiten prägen uns. Es ist nur gut für uns, wenn wir uns dann bereitwillig in seine Hände geben, denn er will uns helfen und uns liebevoll umgestalten.

[Mose sagte zu seinem Volk]: „Ja, Gott ließ euch eure Abhängigkeit spüren, indem er euch hungern ließ. Dann gab er euch Manna zu essen, das ihr und eure Vorfahren bis dahin nicht kanntet. Dadurch wollte er euch zeigen, dass der Mensch mehr als nur Brot zum Leben braucht. Er lebt auch von jedem Wort, das aus dem Mund des Herrn kommt."

5. MOSE 8,3

Schwierige Zeiten prägen uns. Es ist gut, wenn wir uns dann ganz Gottes guten Vaterhänden anvertrauen.

65

Gott hat alles unter Kontrolle

Überraschungen sind echt nicht mein Ding. Damit habe ich es nicht so. Sicher fühle ich mich nur, wenn ich weiß, was auf mich zukommt. Außerdem möchte ich gern selbst entscheiden, was ich tue oder nicht tue. In unserer Social-Media-geprägten Welt verändern sich die Dinge natürlich rasend schnell, und ständig gibt es neue Sachen, die die Welt beeinflussen – eine Welt, die auch so schon kompliziert genug ist. Ein unerwarteter Verlust, heftige politische Veränderungen, eine Naturkatastrophe – solche „Überraschungen" sind eine große Herausforderung für mich.

– Das Mädchen, das keine bösen Überraschungen mag

Hey du Liebe,

die Realität ist nun mal: Wir haben das, was auf der Welt geschieht, nicht in unserer Hand. Und auch unser eigenes Leben haben wir nicht unter Kontrolle. Doch Gott ist beständig, wie ein Fels in der Brandung. Für ihn kommt nichts unerwartet. Er ist nicht abhängig von dem, was geschieht, sondern steht außerhalb von Zeit und Raum. In der Bibel lesen wir, dass Gott derselbe ist – gestern, heute und für immer (siehe Hebräer 13,8). Kein Wesen im ganzen Universum ist so beständig und dauerhaft wie Gott, der Schöpfer des Alls.

Ja, unsere Welt verändert sich in einem rasanten Tempo. Es wird immer Dinge geben, die wir nicht verstehen und nicht einordnen können. Aber wir sind eingeladen, immer wieder in die Nähe Gottes zu kommen, der allwissend ist und alles unter seiner Kontrolle hat. Wenn wir auf ihn schauen, können wir Frieden erleben, auch wenn um uns herum die Wellen hochschlagen und Dinge uns beunruhigen.

Gott ist der Fels im stürmischen Meer. Das Leben mag unerwartete Wendungen für uns bereithalten, aber Gott führt uns sicher durch jeden Sturm.

Noch bevor die Berge erschaffen wurden, bevor du die Erde und das Weltall schufst, warst du, Gott, du bist ohne Anfang und ohne Ende.

PSALM 90,2

Gott kann nichts überraschen, denn er kennt die Vergangenheit, die Gegenwart und die Zukunft. Er lebt außerhalb der Zeit, in der Ewigkeit, und hat alles unter Kontrolle.

66

Hab Mut und vertraue Gott

Viele Leute halten mich für realitätsfremd, weil ich an einen Gott glaube, den ich nicht sehen kann. Sie finden es verrückt, dass ich mit dir spreche, und noch verrückter finden sie es, dass ich tatsächlich auch mit einer Antwort von dir rechne. Reicht es denn nicht, dass ich dir vertraue, Gott? Willst du mir wirklich sagen, ich sollte in meinem Glauben noch einen Schritt weitergehen – ins kalte Wasser springen?

– Das Mädchen, das Sicherheit braucht

Hey du Liebe,

es ist leider so – für viele ist der Glaube an Gott realitätsfern. Darüber darfst du nicht allzu überrascht sein. Du glaubst an Jesus, und dieser Glaube fordert dich immer wieder heraus. Manchmal möchte Gott, dass wir einen Mutschritt wagen: zum Beispiel jemanden in den Jugendkreis einladen oder uns irgendwo einbringen, auch wenn wir an den eigenen Fähigkeiten zweifeln. Wenn er dich ruft, dann mach nicht einfach dicht. Auch zu Zeiten der Bibel reagierten die Menschen verständnislos über Gläubige. Sie schüttelten beispielsweise den Kopf über Noah, als der auf Gottes Anweisung hin ein riesiges Schiff zu bauen begann. Doch dann fing es an zu regnen und das Wasser stieg und stieg … (siehe 1. Mose 6,5 bis 7,24). Im Neuen Testament lesen wir, dass die Leute es verrückt fanden, einen gelähmten Mann durch das Dach abzuseilen, damit dieser genau vor den Füßen von Jesus landete und von ihm geheilt würde. Doch dann lief der Geheilte tatsächlich wieder umher! (siehe Markus 2,1-12). Darum: Steh auf, auch wenn deine Knie einknicken wollen. Melde dich zu Wort, auch wenn deine Stimme zittert. Mach dich auf die Suche nach Gott, auch wenn die Leute dir sagen, dass es ihn gar nicht gibt. Auf jeden Fall solltest du dir eines immer bewusst machen: Die Gedanken und Überzeugungen der Menschen, die an Gott zweifeln, sind flüchtig. Eines Tages wird jeder erkennen, dass er wirklich der lebendige Gott ist (siehe Philipper 2,10-11). Und dann wird das niemand mehr für verrückt halten.

[Der Apostel Paulus schreibt]: „Manche werfen uns vor, wir hätten uns bei euch so verhalten, als hätten wir den Verstand verloren. Wenn das der Fall war, geschah es zur Ehre Gottes. Und wenn wir jetzt bei klarem Verstand sind, dann kommt das euch zugute. Was wir auch tun, wir tun es aus der Liebe, die Christus uns geschenkt hat."

2. KORINTHER 5,13-14; HFA

Wenn Gott dich anstupst, dann steh mutig auf und duck dich nicht weg, auch wenn die Situation herausfordernd für dich ist.

67

Eine tiefgreifende Veränderung

Ich bin ein guter Mensch, und da kann ich im Grunde keine schlimmen Dinge tun. Ich freu mich mit, wenn jemand Erfolg hat. Wenn jemand leidet, würde ich gern alles tun, was in meiner Macht steht, um ihm zu helfen. Ich weiß, ich bin nicht vollkommen, aber ich will das Gute und bemühe mich, es zu tun. Gott kann eigentlich wirklich zufrieden sein mit mir!

– Das Mädchen mit dem guten Herzen

Hey du Liebe,

es ist schön, dass dich die Not anderer Menschen berührt. Gott freut sich darüber, wenn du bereit bist, anderen zu helfen. Nur: Wir denken oft, Gutsein würde ausreichen bei Gott. Aber das stimmt nicht. Wir können damit vor Gott nicht bestehen und uns nicht mit guten Taten in den Himmel retten. Nur Gott ist in der Lage dazu. Und die zweite Tatsache ist die, dass jeder von uns leider nicht nur gute Seiten hat. Von Natur aus ist unser Herz nämlich eher hart. Unsere Bereitschaft, uns zu verändern, lässt zu wünschen übrig. In vielen Situationen denken wir, dass wir Gott nicht brauchen, dass wir es ganz gut allein hinkriegen.

Wenn wir durch und durch gute Menschen ohne jegliche Fehler wären, hätte Jesus nicht kommen müssen, um uns zu retten. Doch es war nötig, denn es tat Gott in der Seele weh, dass wir Menschen unser eigenes Ding machen (auch wenn es mit guten Absichten geschieht) und nichts mit ihm zu tun haben wollen.

Wir brauchen Jesus. Wenn wir uns ihm ganz anvertrauen und anerkennen, dass er alles dafür getan hat, dass wir vor Gott bestehen können, wird seine Liebe in uns hineinfließen – und immer mehr wachsen.

Wenn wir eine echte Beziehung zu Jesus aufbauen, erleben wir Veränderung; dann wird unser Herz immer weicher werden. Wir werden feinfühlig, erkennen immer besser die Dinge, die nicht gut für uns sind, und sind traurig, wenn Gott beleidigt wird. Wenn wir an ihm dranbleiben, entwickeln wir Antennen für das, was er uns sagen will, und tun das, was er von uns möchte. Dann ist unser Fokus nicht, aus eigener Kraft gut zu sein – sondern so zu leben, wie es Gott es gefällt.

[Gott sagt:] Und ich werde euch ein neues Herz geben und euch einen neuen Geist schenken. Ich werde das Herz aus Stein aus eurem Körper nehmen und euch ein Herz aus Fleisch geben.

HESEKIEL 36,26

Jesus möchte dir ein neues Herz und einen neuen Geist schenken.

68

Lass deine Emotionen raus

Ich bin stolz darauf, dass ich hart im Nehmen bin. Die Gelegenheiten, bei denen ich in den letzten Jahren geweint habe, kann ich tatsächlich an einer Hand abzählen! Für mich ist es ein Zeichen von Schwäche, wenn man emotional wird. Man muss im Leben stark sein.

– Das Mädchen, das keinen Kontakt zu seinen Gefühlen hat

Hey du Liebe,

darf ich dir von mir erzählen? Nach einer schwierigen Zeit voller nicht erhörter Gebete, voller Verletzungen und Enttäuschungen war ich gezwungen, mich meinen Gefühlen zu stellen. Es kam vor, dass mir ganz ohne Vorwarnung auf einmal Tränen in den Augen standen! Ich machte mir Vorwürfe, sagte mir, ich solle doch endlich darüber hinwegkommen, denn das passte so gar nicht zu mir. Trotzdem passierte es immer wieder.

Das erste Mal hatte ich bei einer Veranstaltung für Frauen ganz plötzlich Tränen in den Augen. Ich sollte dort meine Geschichte erzählen. Wir saßen in einem Kreis und beantworteten reihum Fragen, die wir aus einer Schale zogen. „Meine" Frage lautete: WIE GEHST DU MIT STRESS UM? Ich antwortete, ich würde Stress gar nicht empfinden – typisch, würden alle sagen, die mich näher kennen. Doch dann kamen mir auf einmal die Tränen, und alles, was ich eigentlich sagen wollte, war komplett weg. Ich war schockiert, als ich die Tränen über meine Wangen laufen spürte. Ich konnte nichts tun, um sie aufzuhalten. Natürlich versuchte ich krampfhaft, meine Fassung zurückzugewinnen, doch die anderen Frauen drängten mich, die Tränen ruhig fließen zu lassen. Ich sollte mich nicht dafür entschuldigen, denn scheinbar bräuchte ich das jetzt. Und die anderen auch.

Gott wollte mir meine Verletzlichkeit zeigen, damit ich frei werden konnte. Für mich gehörten meine Gefühlsausbrüche in meine Privatsphäre. Aber ich erlebte, wie befreiend es ist, einen solchen Augenblick mit Menschen zu teilen, die für mich beten und mir Liebe entgegenbringen. Ich wünsche dir auch so einen sicheren Ort, an dem du deinen Emotionen freien Lauf lassen kannst!

Spornt euch gegenseitig dazu an, den anderen mit Liebe zu begegnen. Haltet euch von unseren Treffen nicht fern, wie einige es tun. Sondern begegnet den anderen, ermutigt euch dabei gegenseitig und baut einander wieder auf.

NACH HEBRÄER 10,24-25

Es ist wichtig, einen Menschen zu haben, der deine Gefühle annimmt, dich unterstützt und dir Liebe entgegenbringt.

69

Die Welt wartet auf dich

Erst war ich stolz auf das, was ich erreicht habe, aber jetzt, wo ich es geschafft habe, macht sich Unzufriedenheit in mir breit. Versteh mich nicht falsch – ich habe alle meine Wünsche hintangestellt und spüre ganz deutlich, dass Gott mich auffordert zu handeln. Das freut mich. Da ist so ein Kribbeln in meinem Bauch. Aber ich weiß nicht, was als Nächstes kommt ... Vielleicht brauche ich noch einen Hinweis.

– Das Mädchen, das aktiv werden möchte

Hey du Liebe,

es gibt Zeiten in unserem Leben, in denen wir die Gedanken und Eindrücke erst mal auf uns wirken lassen müssen. Während wir darüber nachdenken und versuchen, alles zu verarbeiten, spüren wir den starken Drang, aktiv zu werden, etwas zu tun, das in unserem Umfeld etwas in Gang setzt.

Vielleicht geht es dir gerade auch so. Ich weiß nicht, was dich konkret beschäftigt oder welche Ideen du vor Augen hast, aber ich möchte dir sagen, dass deine Zeit jetzt gekommen ist. Tue es jetzt.

Gott stellt uns in unserem Leben immer wieder vor Aufgaben. Doch wenn wir nicht aufpassen und das nicht checken, werden wir immer darauf warten, dass das „eine" geschieht. Du sagst vielleicht, dass du noch auf dieses oder jenes wartest, aber ganz ehrlich: Warte nicht zu lange, denn du wirst gebraucht!

Wag mutig den ersten Schritt. Wenn Gott dir eine Sache, eine Richtung gezeigt hat, dann geh los. Such dir jemanden, dem du dich in dieser Sache anvertrauen und der für dich beten kann, aber dann: werde aktiv!

Sei mutig und entschlossen! Lass dich nicht einschüchtern und hab keine Angst! Denn ich, der Herr, dein Gott, stehe dir bei, wohin du auch gehst.

JOSUA 1,9; HFA

Du wirst gebraucht! Gott will dich zu einem Segen für andere machen.

70

Ist Gott bei dir die Nummer eins?

Wenn ich morgens aufwache, schaue ich zuerst bei WhatsApp und Instagram vorbei. Ich kann nicht anders. Später scrolle ich ausgiebig durch TikTok und lache mich schlapp über die lustigen Posts. Das ist so entspannend! Schon vor einiger Zeit habe ich mir auch eine Bibel-App auf mein Handy geladen, aber ich hab sie schon ewig nicht mehr genutzt. Eigentlich sollte ich viel mehr Zeit mit Gott verbringen, das weiß ich, aber wenigstens habe ich ihm heute einen guten Morgen gewünscht ...

– Das Mädchen, das seine Bibel-App nicht nutzt

Hey du Liebe,

ich kenne das Problem nur zu gut. Weißt du, wie ich es mache? Immer, wenn ich lieber andere Dinge tun würde, als in der Bibel zu lesen, denke ich an Christen anderswo, die sich verstecken müssen und nur kleine Auszüge aus dem Neuen Testament besitzen. Ich denke an die Menschen, die gar keine Bibel besitzen und vor Freude weinen, wenn sie eine geschenkt bekommen. Das hilft mir, Zeit mit Gottes Wort zu verbringen.

Wann hast du dich das letzte Mal durch einen Gedanken aus der Bibel angesprochen gefühlt? Dir Zeit genommen, um auf das zu hören, was Gott dir sagen möchte? So vieles stürmt täglich auf uns ein und fordert unsere Aufmerksamkeit. Es passiert schnell, dass Gott ins

Hintertreffen gerät. Wir lassen uns von so vielen Dingen ablenken, und für Gott bleiben dann nur die Reste unserer Zeit und unserer Aufmerksamkeit. Wir erfüllen dann vielleicht gerade noch das, was wir als unsere Pflicht ansehen, damit wir sagen können: „Ich glaube an Gott." Doch in Wirklichkeit haben wir ihn längst vergessen. Bitte Gott dabei um Hilfe, ihn auf deiner Prio-Liste wieder an die erste Stelle zu setzen. Nichts sollte dir wichtiger sein als er. Gott wird uns niemals zwingen, seine Nähe zu suchen; die Entscheidung liegt immer bei uns. Aber die beste Entscheidung ist sicher, seine Nähe zu suchen, bevor wir unser Smartphone in die Hand nehmen.

Kleiner Tipp: Trag dir doch dein Date mit Gott in deinen Terminkalender ein. Dann ist diese Zeit geblockt – nur für ihn. Und vielleicht hilft dir eine echte Bibel besser dabei, dranzubleiben, weil du nicht durch das Smartphone abgelenkt wirst.

[Gott sagt]: Du sollst außer mir keine anderen Götter haben – also nichts, was dir wichtiger ist als ich.

NACH 2. MOSE 20,3

Gib Gott den ersten Platz in deinem Leben.
Er möchte dir dabei helfen.

Gott enttäuscht dich nicht

Mir bleibt jetzt keine Wahl mehr. Ich habe alles probiert – Gott ist meine letzte Hoffnung. Ich erwarte doch gar nicht viel, aber ich dachte wirklich, er würde mir bei dieser einen Sache helfen. Aber warum hat er mir denn nicht geholfen, wo ich ihn doch so dringend gebraucht hätte?

– Das Mädchen, das nicht mehr weiterweiß

Hey du Liebe,

ich verstehe, dass du im Augenblick das Gefühl hast, festzustecken. Du warst voller Erwartung, hast Gott vertraut, aber die Zeit verging, und es wurde immer dunkler. Du hast gerufen. Du hast geschrien, aber trotzdem war da immer noch ein Rest Hoffnung, dass sich alles doch noch zum Guten wenden würde. Was wäre, wenn ich dir sagen würde, dass das am Ende auch wirklich so sein wird? Was, wenn du noch ein klein wenig länger durchhalten müsstest? Was, wenn du jetzt, in diesem Augenblick, sagen würdest: „Gott kann das!"? Wenn Gott deine erste Anlaufstelle ist, wird er dich nicht enttäuschen. Er wird sich für dich einsetzen und dir in dieser Situation beistehen. Manchmal geht es nicht so aus, wie du es dir erhofft hast, aber Gott wird dir Kraft schenken und dir zeigen, was du tun sollst. Für dich wird er Berge versetzen.

Lass dieses kleine Senfkorn des Glaubens in dir nicht sterben. Pflanze es ein, begieße es mit deinen Tränen. Eines Tages wird es aufgehen, und du wirst erkennen, dass du alles überstehen kannst, wenn Gott an deiner Seite ist.

Du kannst deine Siege feiern. Gott hat noch keinen einzigen Kampf verloren, und deiner wird ganz sicher nicht der Erste sein.

Doch ich danke Gott, der uns, die wir zu Christus
gehören, immer in seinem Triumphzug mitführt.
Wo immer wir jetzt auch hinkommen, setzt er uns ein,
um anderen von Gott zu erzählen und
die gute Botschaft zu verbreiten wie einen
wohlriechenden Duft.

2. KORINTHER 2,14

Gib die Hoffnung nicht auf. Gott hat noch nie einen Kampf
verloren. Der Sieg gehört ihm bereits.

72 Hungere nicht nach dem Beifall anderer

Ist Lob etwas Erstrebenswertes? Wir leben in einer Gesellschaft, in der wir uns selbst bei jeder Kleinigkeit auf die Schultern klopfen. Das ist auch in der Gemeinde zu beobachten. Viele Leute machen viel Aufhebens um ihre guten Taten, und wenn sie Menschen helfen, denen es nicht so gut geht. Ich will nicht lügen – es tut ziemlich gut, gelobt zu werden für das, was ich tue.

– Das Mädchen, das gerne Lob bekommt

Hey du Liebe,

bestimmt wird es Leistungen in deinem Leben geben, die andere nicht ignorieren können. Und es ist auch nichts Falsches daran, wenn man gelobt wird. Doch wenn Gott dir eine Aufgabe gibt, dann erledige sie nicht, weil du dafür von anderen gelobt werden möchtest.

Der Sinn deines Lebens ist nicht, Menschen zu beeindrucken. Dazu hat Gott dich nicht geschaffen. Versuche nicht, mit deinen Leistungen andere zu beeindrucken, weder deine Lehrer, Vorgesetzten, Freunde noch sonst wen. Tue das, wozu Gott dich erschaffen hat. Egal, ob das andere für attraktiv und lobenswert halten oder nicht. Allein darum geht es.

Reicht es dir nicht zu wissen, dass Gott dir applaudiert, wenn du dich für ihn einsetzt? Er ist es, der dich befähigt, Dinge zu tun, und er ermutigt dich und segnet dich durch das, was du tust. Lebe nicht für den kurzfristigen Beifall von Menschen. Freu dich lieber daran, dass Gott einmal zu dir sagen wird: „Gut gemacht!"

Wenn ihr Gutes tut, dann tut es nicht, damit ihr bewundert werdet. In diesem Fall dürft ihr nicht erwarten, von eurem Vater im Himmel belohnt zu werden. Wenn du einem Bedürftigen etwas gibst, posaune es nicht heraus, wie es die Heuchler tun, die in den Synagogen und auf den Straßen mit ihren Wohltaten angeben, nur um die Aufmerksamkeit auf sich zu ziehen! Ich versichere euch: Das ist der einzige Lohn, den sie jemals dafür erhalten werden. Wenn du jemandem etwas gibst, dann sag deiner linken Hand nicht, was deine rechte tut. Gib in aller Stille, und dein Vater, der alle Geheimnisse kennt, wird dich dafür belohnen.

MATTHÄUS 6,1-4

Hungere nicht nach Lob und Anerkennung, sondern nach *ihm*.

Gott vergisst dich niemals

Bei Disney gibt es diesen Wunschstern. Als ich noch jünger war, habe ich mir einen solchen Stern gewünscht. Ich schaute in den Nachthimmel, kniff die Augen zusammen und sprach leise meinen sehnlichsten Wunsch aus. Das funktionierte natürlich nicht, aber beim Gebet ist das ja auch nicht anders. Ich sehe eigentlich keinen richtigen Sinn darin, Gott um etwas zu bitten. Er gibt mir sowieso nie, was ich mir wünsche.

– Das Mädchen, das Gott um nichts mehr bittet

Hey du Liebe,

auch wenn sich das für dich im Moment anders anfühlt: Gott hat dich nicht vergessen. An dieses Versprechen hat sich auch die neunzigjährige Hannah aus dem Alten Testament erinnert, als Gott schließlich ihren sehnlichsten Wunsch erfüllte – und ihr endlich einen Sohn schenkte. Doch zuvor hatte sie viele Jahre der Tränen, Verzweiflung und des Spotts erlebt. Aber sie blieb beharrlich und betete aus tiefstem Herzen.

Gott wünscht sich eine echte Beziehung zu dir. Er möchte Anteil an deinem Leben nehmen und nicht als ein Wunscherfüllungsautomat angesehen werden. Bitte ihn, dir in deinen Zweifeln zu helfen. Er wird dir ganz bestimmt antworten.

Gott möchte uns als seine Kinder beschenken. Und er tut es bereits, täglich, auch wenn wir viele dieser Geschenke oft gar nicht als solche wahrnehmen: Essen, Freundschaften, Gesundheit, kostenlose Schulbildung und so vieles mehr. Gott hört auch gern unsere Bitten. Ja, Jesus sagt sogar: „Bittet, so wird Gott euch geben" (Matthäus 7,7). Doch nicht immer werden unsere Wünsche erfüllt. Aber wenn es unser aufrichtiger Wunsch ist, Gott besser kennenzulernen, können wir sicher sein, dass keines unserer Gebete verloren geht. Jedes Gebet wird wie ein kostbarer Schatz vor Gott gebracht, der so viel Erbarmen und Mitgefühl mit uns hat. Er wird uns das geben, was gut und richtig für uns ist. Er ist unser himmlischer Papa, und er weiß, was wir brauchen.

Ich aber will mich auf Gott verlassen.
Erwartungsvoll will ich nach ihm Ausschau halten.
MICHA 7,7

Schau nicht auf einen Wunschstern, sondern auf den, der die Sterne geschaffen hat. Gott erfüllt nicht immer unsere Wünsche, aber er versorgt uns mit allem, was wir brauchen.

74

Der Star des Abends

Nicht einmal ein Dankeschön hab ich bekommen, aber das war ja zu erwarten … Ich meine, ist es wirklich so schwer, mal Danke zu sagen? Dass ich nicht im Rampenlicht stehe, bedeutet doch nicht, dass ich keine Anerkennung verdient habe.

– Das Mädchen, das sich mehr Wertschätzung wünscht

Hey du Liebe,

ich kann gut nachvollziehen, was du gerade fühlst. Es tut weh, wenn man von anderen überhaupt keine Wertschätzung bekommt. Wir brauchen Bestärkung, gerade dann, wenn wir mutig etwas gewagt haben oder uns eine Sache gut gelungen ist. Aber auch wenn du dich von anderen nicht gesehen fühlst: Gott hat dich im Blick – immer. Wenn Menschen dir nicht genügend Wertschätzung entgegenbringen, vertraue darauf, dass dir Gottes Wertschätzung sicher ist, in jedem Augenblick. Er sieht dich. Und er schätzt dein Engagement und das, was du für ihn tust – auch wenn es „backstage" geschieht. Glaube daran, dass er dich für deine Treue belohnen wird.

Dein großer Auftritt ist, wenn du zu der Person wirst, die du nach Gottes Willen sein sollst – und dazu brauchst du keine Bühne. Gott sieht auch ins Verborgene und er feuert dich an.

Wenn wir im Hintergrund agieren, übernimmt er die Führung. Richte das Rampenlicht immer auf ihn und lass die Menschen sehen, wie Gott in deinem Leben wirkt. Am Ende bekommt er den tosenden Applaus dafür.

Lob und Herrlichkeit und Weisheit und Dank und Ehre und Macht und Stärke gehören unserem Gott für immer und ewig. Amen!

OFFENBARUNG 7,12

Gott sieht dich, wenn du im Hintergrund agierst. Und er sagt zu dir: „Gut gemacht!"

Jesus gehört zu dir
und wird dir nie
genommen werden.

75

Der blöde Montag

Jetzt ist es wieder so weit. Nach einem relaxten Wochenende muss ich mich mental wieder auf die vor mir liegende Woche einstellen. An den Unterricht und die Arbeit darf ich gar nicht denken. Dann fühle ich mich schon gleich wieder erschöpft. Der Druck, dem ich ausgesetzt bin, ist so unfassbar groß. Immerzu muss ich Leistung bringen. Der Montag ist am schlimmsten.

– Das Mädchen, das schon wieder genug von allem hat

Hey du Liebe,

ja, Wochenanfänge können hart sein. Man muss von der Entspannung wieder auf den Schul- oder Arbeitsalltag umschalten. Und je nachdem, was ansteht, kann es richtig stressig werden. Auf den Freitag freuen sich die meisten, klar. Aber weißt du was? Mittlerweile freue ich mich auch auf den Montag, weil mit ihm etwas Neues beginnt – eine neue Woche. Und weil ich Gott dann neu die Chance geben kann, in mir und durch mich zu wirken, mit allem, was ich bin.

Wir machen uns selbst das Leben schwer, wenn wir uns mühsam durch den Tag schleppen, ständig auf die Uhr schauen und unsere Aufgaben nur halbherzig erledigen.

Nichts, was wir tun, ist umsonst (auch wenn es uns manchmal sinnlos erscheint). Es bereitet uns auf spätere Zeiten im Leben vor, auf das, was Gott für uns vorbereitet hat.

Gerade dann, wenn dir die Schule oder deine Arbeit überhaupt keinen Spaß macht, denk dran: Du arbeitest nicht für Menschen, sondern für Gott. Tu es für ihn. Er wird dich beschenken und hält den Bonus bereit, den du brauchst.

Also, nimm allen Mut zusammen und mach dich fröhlich an die Arbeit!

Erledigt eure Arbeit aufmerksam, engagiert und mit Freude, so, als würdet ihr Gott dienen und nicht Menschen. Vergesst nicht, dass Gott euch dafür einmal mit dem himmlischen Erbe belohnen wird.

NACH KOLOSSER 3,23

Schau auf Jesus, nicht auf die Uhr. Denk an das, was er dir schenkt, wenn du tust, was gerade zu tun ist.

76

Der Duft deiner Dankbarkeit

Ich empfinde gerade eine überwältigende Dankbarkeit Gott gegenüber! Unglaublich, dass er mich befreit hat; für mich ist es unbegreiflich, dass er mich so liebt, wie ich bin. Am liebsten würde ich tanzen und jubeln, und manchmal suche ich nach etwas - irgendetwas - was ich ihm zurückgeben kann.

– Das Mädchen, das Gott total dankbar ist

Hey du Liebe,

kennst du die Geschichte über Maria Magdalena? Du findest sie in der Bibel, in Johannes 12,1-8. Maria war eine Frau, die von ganzem Herzen gegeben hat. Nachdem sie tiefe Vergebung erlebt und sich von ihrem früheren Lebenswandel abgewendet hatte, war sie erfüllt von der Liebe zu Jesus. Sie wollte ihm deshalb etwas Gutes tun - und goss Jesus ein extrem teures Parfüm über die Füße und den Kopf. Die Jünger waren empört darüber und warfen ihr vor, Geld zu verschwenden. Aber Jesus verteidigte sie; er wusste, dass Maria alles gegeben hatte, weil sie daran glaubte, dass es ihn zutiefst freuen würde. Gott freut sich über deine Dankbarkeit. Seine Freundlichkeit kannst du ihm mit keinem Gold der Welt vergelten.

Aber du kannst geben, was du hast: für ihn leben.
Mehr erwartet er gar nicht.
Wenn du deine Dankbarkeit Jesus gegenüber zum
Ausdruck bringst, dann hinterlässt das Spuren.
Von Marias duftender Opfergabe sprechen die Menschen
heute noch. Auch deine Dankbarkeit ist wie ein Duft, der
für Jesus nie vergeht. Also, gib deiner Dankbarkeit einen
Ausdruck: singe, male, musiziere, tanze für ihn, schreib
ihm einen Brief, sprich mit ihm, engagier dich für ihn.
Lass raus, was in dir steckt. Gott freut dich darüber!

Weil Gott so barmherzig ist, fordere ich euch nun auf,
liebe Brüder, euch mit eurem ganzen Leben für Gott
einzusetzen. Es soll ein lebendiges und heiliges Opfer
sein – ein Opfer, an dem Gott Freude hat. Das ist ein
Gottesdienst, wie er sein soll.

RÖMER 12,1

Gott liebt den unverwechselbaren Duft deiner Dankbarkeit.

77

Die Ziellinie

Ich bin so frustriert! Ich arbeite hart, aber das Leben kommt mir vor wie eine Tretmühle; ich trete immerzu auf der Stelle. Ich spüre den Druck, das Tempo zu halten oder sogar noch schneller zu werden. Ich darf nicht versagen; es steht zu viel auf dem Spiel. Ein kleiner Ausrutscher, und ich muss wieder von vorn anfangen.

– Das Mädchen, das Angst hat, noch mal von vorne anzufangen

Hey du Liebe,

ich erinnere mich gut an meinen ersten Hindernisparcours. Wir sprangen über Hürden und krochen durch Reifen hindurch. Ich war in meinem Element. Wenn es beim Springen über die Hürden schwierig wurde, rief der Leiter: „Nicht nach unten schauen!" Aber hinunterzuschauen machte mir keine Angst; meine einzige Sorge war, ich könnte langsamer werden und am Ende verlieren. Mein Blick war fest auf die Ziellinie gerichtet, das half mir. Also drängte ich weiter vorwärts, auch wenn ich richtig außer Puste geriet.

Hab keine Angst und gib nicht auf. Aber verfalle auch nicht in pure Hektik, denn sie raubt dir Kraft. Schaue auf Jesus, dann wird er dir die Kraft geben weiterzumachen, wenn du glaubst, nicht mehr weiterzukönnen. Er sieht, was dir schwerfällt, und er wird dir helfen, beständig mit ihm weiterzulaufen, Schritt für Schritt. Mit ihm wirst du keine Zeit verlieren – im Gegenteil, du wirst neuen Schwung bekommen.

Auch wenn du hinfällst, wird dich das nicht aus der Bahn werfen. Es gibt immer einen nächsten Schritt, immer eine Lösung. Denke während des Laufs an den Sieg. Mit jedem Schritt und jedem überwundenen Hindernis wirst du an Durchhaltekraft gewinnen, deine Situation besser einschätzen können – und gelassener werden.

Ich will nicht behaupten, das Ziel schon erreicht zu haben; doch ich strebe danach, das alles zu ergreifen [...] Nein, ich bilde mir nicht ein, es schon geschafft zu haben; aber eins steht fest: Ich vergesse das Vergangene und schaue auf das, was vor mir liegt. Ich laufe mit aller Kraft auf das Ziel zu, um den Siegespreis dort oben zu gewinnen, zu dem uns Gott durch Christus Jesus gerufen hat.

PHILIPPER 3,13-14; NEÜ

Stelle dich deinen Herausforderungen. Mach weiter. Gott wird dir die Kraft schenken, das Ziel zu erreichen.

78

Lass dich nicht zum Schweigen bringen

Ich bin eigentlich nie um eine Antwort verlegen – na ja, zumindest in meinem Kopf. Meine Gedanken überschlagen sich, aber oft bleibt mir das, was ich sagen möchte, im Hals stecken. Man braucht mich gar nicht zum Schweigen zu bringen, das erledige ich bereits selbst.

– Das Mädchen, das nicht sagen kann, was es denkt

Hey du Liebe,

ich kenne das Problem gut. Manchmal ist einfach zu viel Chaos im Kopf. Da kann es helfen, die Gedanken erst mal schriftlich zu sortieren. Das verschafft Klarheit und hilft, die eigenen Ideen besser zu formulieren. Was auch hilft: Versuche, deine Gedanken laut auszusprechen, wenn du alleine bist, oder such dir dafür eine vertraute Person. Das ist ein hilfreicher Trick, um dich daran zu gewöhnen, deine Gedanken in Worte zu fassen.

Manchmal zweifeln wir aber auch an uns selbst. Der Gegenspieler Gottes wird immer versuchen, in unsere Gedanken Lügen und Zweifel zu säen, uns zu blockieren und jeden Fortschritt, den wir in unserem Glauben machen, zu verhindern; er will, dass wir an unserer Identität zweifeln. Er weiß, dass wir verstummen, wenn wir feststecken. Der Gegner Gottes wird im Griechischen auch diabolos genannt (dt.: „Durcheinanderwerfer" im Sinne von „Verwirrer", „Verleumder"). Er will verhindern, dass du mutig vorwärtsgehst. Aber mach dir immer wieder klar, dass dieser Diabolos keine Macht über dich hat. Deine Ängste und Zweifel haben keine Macht über dich! Du bist ein Kind Gottes und eine Eroberin. Jesus selbst hat dir königliche Macht verliehen. Wenn du an Jesus dranbleibst, wirst du mit ihm siegreich sein. Lass nicht zu, dass dich irgendjemand zum Schweigen bringt, auch du selbst nicht. Deine Gedanken und Meinungen sind wertvoll.

Je mehr du an diese Wahrheiten glaubst, desto leichter wird es dir fallen, mutig deine Gedanken zu äußern.

Denn Gott hat uns nicht gegeben den Geist der Furcht, sondern der Kraft und der Liebe und der Besonnenheit.

2. TIMOTHEUS 1,7; LU

Das, was du zu sagen hast, ist wichtig. Lass nicht zu, dass dich irgendjemand zum Schweigen bringt.

79

Nahrung für die Seele

Ich muss einen Vortrag über Volkstum und Mythen halten. Zu dem Thema gehört auch die Auseinandersetzung mit der Bibel. Zwar würde ich die Bibel nicht zur Fantasy-Literatur zählen, doch ich werde meinen Glauben nicht verteidigen können. Ich verstehe die Bibel ja selbst nicht wirklich und interessiere mich auch nicht besonders dafür. Netflix finde ich viel interessanter.

– Das Mädchen, das die Bibel langweilig findet

Hey du Liebe,

viele Menschen können nicht daran glauben, dass Gott existiert, und die Bibel ist für sie ein Märchenbuch. Es stimmt, die Texte der Bibel sind 2000 bis 3000 Jahre alt. Doch sie sind keinesfalls ein Fantasieprodukt, sondern in ihr stecken Wahrheiten, die für unser Leben relevant sind. Tatsache ist: Die Bibel ist das meistverkaufte Buch aller Zeiten und bis heute ein absoluter Buchbestseller. Denn sie erzählt die Geschichte Gottes mit den Menschen und bietet festen Halt in den Fragen unseres Lebens. „Das Wort Gottes ist lebendig und wirksam. Es ist schärfer als das schärfste Schwert … Es deckt auf, wer wir wirklich sind, und macht unser Herz vor Gott offenbar", steht im Hebräerbrief, Kapitel 4,12 (NL). Für uns Christen ist die Bibel DAS Lebensbuch schlechthin. Wir belügen uns selbst, wenn wir uns

Predigten über Bibeltexte anhören, sie aber nicht auf unser Leben übertragen. Denn Gott möchte durch die Worte der Bibel in unser Leben hineinsprechen.

Du sagst, dass die Bibel dich nicht besonders interessiert. Das zeigt vielleicht, dass Gott noch nicht wirklich eine Rolle in deinem Leben spielt. Wenn das so ist, dann bitte ihn doch, in dir den Wunsch zu wecken, in der Bibel zu lesen. Er kann dir die Augen öffnen und in dir den Appetit wecken.

Vielleicht fehlt dir auch noch der passende Zugang zur Bibel. Dann helfen dir vielleicht folgende Tipps: 1. Wähle eine moderne Bibelübersetzung; 2. Beginne im Neuen Testament zu lesen; 3. Ein Bibelleseplan kann helfen, siehe „YouVersion"-App oder „Pur" (www.bibelzeit.net); 4. Bete vor dem Lesen; 5. Nimm dir Zeit zum Lesen; 6. Markiere Bibelstellen, die dir wichtig geworden sind. Gott verspricht, uns durch sein Wort immer mehr zu verändern. Viel Segen dir!

Öffne mir die Augen, Gott, damit ich die herrlichen Wahrheiten in deinem Wort erkenne.

NACH PSALM 119,18

Die Bibel ist Nahrung für die Seele. Versuche, regelmäßig eine Portion davon abzubekommen.

80

Früher war alles besser – wirklich?

Manchmal frage ich mich, ob Gott wirklich weiß, was er tut. Warum muss denn alles in meinem Leben ein so großer Kampf sein? Als ich jünger war, war alles besser. Einfacher. Kann bitte jemand den Film zurückspulen?

– Das Mädchen, das sehnsüchtig an früher denkt

Hey du Liebe,

du bist nicht allein mit dieser Wahrnehmung; viele Leute sagen: „Früher war es besser." Sie hängen an dem, was ihnen vertraut ist. Im Rückblick sehen sie die Vergangenheit wie durch eine rosarote Brille, dabei gab es auch früher in ihrem Leben viele Herausforderungen und Schwierigkeiten.

Ein Blick in die Bibel zeigt: Die Israeliten haben vor dreitausend Jahren auch schon die Vergangenheit verklärt. Nachdem sie mehr als vierhundert Jahre lang in Ägypten als Sklaven gelebt hatten, führte Gott sie in die Freiheit. Mit Mose, ihrem Anführer, legten sie einen langen, beschwerlichen Weg zurück, aber Gott war bei ihnen. Doch nach kurzer Zeit in Freiheit begannen sie zu murren und meinten, sie wären lieber als Sklaven gestorben, als jetzt durch die Wüste zu irren. Vor ihnen lag das Land, in das Gott sie führen wollte, ihre Heimat. Aber sie meinten, in der Gefangenschaft hätten sie es besser gehabt!

Immer wieder tappen wir in die Falle, die Vergangenheit zu idealisieren. Wir murren, weil wir uns unbehaglich fühlen, aber Gott möchte uns weiterführen.

Er will, dass wir wachsen, reifen und neue Erfahrungen machen. Manchmal vergessen wir wie die Israeliten auch, dass Gott uns aus einer schwierigen Lage herausgeführt hat, und wünschen uns die alte Zeit zurück – weil uns unser Schmerz von damals irgendwie vertraut war. Krass, oder? Es fällt uns schwer, nach vorn zu schauen, auf die Tatsache, dass Gott uns in ein neues Land führen will. Natürlich ist der Weg nicht easy. Aber wenn Gott die Macht hatte, sein Volk sicher durch alle Herausforderungen in das neue Land zu führen, kann und wird er das auch bei uns tun. Wenn wir Gott die Führung überlassen, haben wir den besten und erfahrensten Reiseführer an unserer Seite. Unsere unbekannte Zukunft ist bei ihm in den besten Händen.

Frag nicht, warum früher alles besser war, denn damit verrätst du nur, dass du keine Weisheit besitzt.

PREDIGER 7,10

Gott hat sich damals um seine Leute gekümmert,
und er tut es auch heute.

Ade, Selbstmitleid!

81

Ich stecke in einem dunklen Loch, und es fällt mir schwer, da wieder rauszukommen. Ich habe das Gefühl, gegen die ganze Welt ankämpfen zu müssen. Das ist unrealistisch, ich weiß, aber so empfinde ich nun mal, wenn sich jemand von mir abgewendet hat.

– Das Mädchen, das sich selbst die Stimmung verdirbt

Hey du Liebe,

leider strahlt nicht immer die Sonne vom blauen Himmel herab. Manchmal erleben wir trübe Tage; die dunklen Wolken bewegen sich keinen Zentimeter von der Stelle und hängen wie festgeklebt über unseren Köpfen. Sobald wir versuchen, ihnen zu entkommen, setzen sie sich in Bewegung und verfolgen uns.
Wir Menschen haben einen Hang zum Selbstmitleid. Ob der Schmerz nun einen äußeren Grund hat oder aus unserem Inneren kommt: Wir lieben es, uns selbst zu bedauern und über unser ungerechtes Schicksal zu grübeln. Das kann kurzzeitig guttun; dauerhaft ist eine solche Verhaltensweise aber gefährlich und behindert Gott in dem, was er in unserem Leben tun möchte.
Manchmal hilft dir sicher schon eine kleine Aufmunterung von einer Freundin aus deiner trüben Stimmung heraus. Aber manchmal musst du dich auch selbst am eigenen

Schopf packen und aus dem Sumpf ziehen: Hör auf, dich als armes Würstchen zu betrachten, das machtlos seinem Schicksal ausgeliefert ist. Selbstmitleid vergiftet deine Seele, deine Gefühle und deine Beziehungen.

Wie reagierst du, wenn ein anderer Mensch, dem du dein Vertrauen geschenkt und auf den du deine Hoffnung gesetzt hast, auf einmal weggegangen ist? Bleibst du im Dauerjammermodus stecken, weil diese Lichtquelle nicht mehr leuchtet? Oder schaust du auf das Gute in deinem Leben und bittest Gott, den Schmerz zu heilen und dich selbst wieder zum Leuchten zu bringen?

David befand sich in einer sehr schwierigen Lage, denn seine Männer waren über den Verlust ihrer Frauen und Kinder so verbittert, dass sie schon davon redeten, ihn zu steinigen. Doch David fand neue Kraft im Vertrauen auf den Herrn, seinen Gott.

1. SAMUEL 30,6

Wenn sich der Himmel in deinem Leben verdüstert hat, kann Gott die Wolken wieder aufreißen.

82

Warten auf Mr Right

Ich wünsche mir einen Freund, der mit mir ausgeht und nett zu mir ist … der mir ohne besonderen Grund meine Lieblingsblumen und mein Lieblingsessen bringt … der mich sieht, wie ich bin, und genau deshalb liebt. So allein wie ich bin, fühle ich mich einfach unvollständig.

– Das Mädchen, das nicht mehr das fünfte Rad am Wagen sein will

Hey du Liebe,

lass diese Worte immer wieder in dein Herz: Du bist gesehen und geliebt, so wie du bist. Und du bist nicht allein; Gott ist an deiner Seite und bei ihm bist du immer vollständig. Kein anderer Mensch dieser Welt kann dich „vollständig" machen. Aber Gott hat die Sehnsucht nach einem Gegenüber in das Herz der Menschen gelegt. Ich finde: Du hast einen Mann verdient, der dich liebt, wie Jesus die Gemeinde liebt! Gib dich nicht mit weniger zufrieden, weil dir die Geduld fehlt. Halte an deinen Überzeugungen fest und warte auf den richtigen Zeitpunkt für die Liebe.

Die Zeit ohne Partner ist eine Zeit, in der du dich weiterentwickeln kannst; eine Gelegenheit zu entdecken, wer du bist und welches Potenzial in dir steckt. Diese Zeit ist wertvoll, denn so kannst du Gott besser kennenlernen und die besonderen Aufgaben anpacken, die er dir jetzt anvertraut.

Warte nicht darauf, dass jemand daherkommt und dich gut behandelt – werde selbst aktiv! Verabrede dich mit dir selbst und verliebe dich erst mal in dich – und kultiviere deine Liebe zu Gott. Du brauchst nicht einsam zu sein, wenn du lernst, deine eigene Gesellschaft zu genießen. Und: Du wirst keinen Mangel empfinden, wenn Jesus deine erste wahre Liebe ist.

Ich weiß, das Solosein kommt einem manchmal vor wie eine lange Reise, die niemals zu Ende geht, aber ich sage dir: Es lohnt sich, diese Zeit ganz bewusst zu erleben und anzunehmen! Definiere dich nicht über eine Beziehung. Du bist Gottes Kind. Es gibt keine „bessere Hälfte"; in ihm bist du zu hundert Prozent vollständig.

Ihr Mädchen von Jerusalem, ich bitte euch eindringlich: Erzwingt die Liebe nicht und weckt sie auch nicht vorzeitig. Denn sie soll sich natürlich entwickeln – dann, wenn die Zeit dafür reif ist.

NACH HOHELIED 2,7

Definiere dich nicht über eine Beziehung. Du bist Gottes Kind. Es gibt keine andere Hälfte; in ihm bist du vollständig.

83

Warum dauert das alles so lange?

Es ist wirklich schwer, sich vorzustellen, dass tausend Jahre vor Gott wie ein Tag sind, ganz besonders, wenn ich bedenke, wie lange ich schon warte und bete – Monate und Jahre. Wie kann es sein, dass das für ihn kaum eine Sekunde ist? Dieser Kampf dauert jetzt schon ewig, und das ist mir viel zu lange!

– Das Mädchen, das allmählich ungeduldig wird

Hey du Liebe,

ja, es ist so: Gottes Uhr tickt so ganz anders als unsere. Er ist nicht an unsere Zeit hier auf der Erde gebunden, denn er hat die Zeit geschaffen. Aber eins steht fest: Was er versprochen hat, das hält er auch! Wenn er uns nicht sofort aus einer bestimmten Situation heraushilft, dann vielleicht deshalb, weil er uns neue Möglichkeiten eröffnen und uns die Gelegenheit geben will, ihn auf einer ganz neuen Ebene zu erleben.

Warte nicht tatenlos auf dein Wunder. Vergiss nicht, dass deine Probleme vielleicht ein Trainingsfeld sind, in dem du deinen Glauben stärken kannst. Grüble nicht immer wieder darüber, warum Gott scheinbar nichts tut. Er liebt dich und er hat alles im Blick! Komm, lass uns hartnäckig an Gott dranbleiben! Wir dürfen nicht aufgeben, weil wir zum richtigen Zeitpunkt – zu seinem Zeitpunkt – sehr viel Gutes erleben werden.

Wenn du Gott um etwas gebeten hast und darauf wartest, dass es sich erfüllt, ist Geduld gefragt. Gott schenkt dir auch die Geduld, das auszuhalten.

Deshalb werdet nicht müde zu tun, was gut ist. Lasst euch nicht entmutigen und gebt nie auf, denn zur gegebenen Zeit werden wir auch den entsprechenden Segen ernten.

GALATER 6,9

Bitte Gott um Geduld, die Wartezeit auszuhalten.

84

Realitätscheck

Irgendwie schaffe ich es immer, auch den schönsten Augenblick mit einer sarkastischen Bemerkung zu verderben. Das kann ich wirklich gut. Ich bin eine Zynikerin. Besser noch: Ich bin eine Realistin mit einem Hauch Pessimismus. Ich glaube zwar an Gott und Jesus, aber ich glaube auch an das Hier und Jetzt. Und im Hier und Jetzt gibt es sehr reale Probleme, für die es sehr reale Lösungen gibt, die aber nicht unbedingt etwas mit meinem Glauben zu tun haben. Ich sehe nicht immer nur die positive Seite einer Situation, denn manchmal gibt es die einfach nicht.

– Das Mädchen mit dem Galgenhumor

Hey du Liebe,

du hast recht: Man kann schwierige Dinge im Leben nicht schönreden. Doch eine negative Sichtweise fängt auch nicht das ganze Bild der Realität ein. Mit dem Glauben haben wir quasi eine 3D-Brille geschenkt bekommen: Mit ihr können wir auf eine unsichtbare Dimension schauen, die mehr ist als das, was wir mit unseren bloßen Augen sehen können. Und diese andere tiefe Dimension, diese andere Wirklichkeit, ist so real, wie Gott real ist. Das Leben mit Jesus ist keine Spielerei, der Himmel kein Fantasieland, in dem die Engel auf der Wiese liegen, ihre Harfen zupfen und ihre Pfeile abschießen. Gott erwartet nicht von uns, dass wir mit dem Kopf in den Wolken leben.

Allerdings wünscht er sich, dass wir auf ihn schauen, wenn Hindernisse unseren Weg blockieren oder wenn wir unseren alltäglichen Aufgaben nachgehen. Er ist real. Er ist vollkommen, und er hat es verdient, dass wir ihn wahrnehmen, achten und nach seinem Blick auf die Dinge fragen.

Wenn du also das nächste Mal nur das Negative siehst, denke daran, den pessimistischen Gedanken ein Stoppschild vorzuhalten. Dein Pessimismus wirkt nicht unbedingt einladend auf andere Menschen. Konzentriere dich lieber auf die Versprechen, die Gott gegeben hat. Mit einer solchen Haltung wirst du dann garantiert auch andere ermutigen.

Schließlich, meine lieben Brüder und Schwestern, orientiert euch an dem, was wahrhaftig, vorbildlich und gerecht, was redlich und liebenswert ist und einen guten Ruf hat. Beschäftigt euch mit den Dingen, die auch bei euren Mitmenschen als Tugend gelten und Lob verdienen.

PHILIPPER 4,8; HFA

Versuche, deinen Zynismus bzw. deinen Pessimismus zu überwinden, indem du dir vor Augen stellst, wer Gott ist: der Ewige, der Schöpfer aller Dinge, der Gott der zehntausend Möglichkeiten.

85

Wachsen und reifen

Ich glaube an Jesus, aber irgendwie wird es jetzt kompliziert. Am Anfang war alles so leicht, ich habe Gott mehr gespürt. Jetzt weiß ich manchmal nicht, was er von mir möchte. Ist er überhaupt noch da? Ich sollte Gott doch jetzt eigentlich besser verstehen, oder? Und manche Dinge in der Bibel finde ich gerade echt herausfordernd … Christsein müsste doch eigentlich viel leichter sein!

– Das Mädchen, das sich an der Nase herumgeführt fühlt

Hey du Liebe,

du wirst nicht an der Nase herumgeführt. Gott möchte, dass dein Glauben stärker wird. Ganz zu Anfang, als du gerade Ja zu Jesus gesagt hast, bekamst du leichte Kost und hast erst mal nur die Grundlagen des Glaubens kennengelernt. Doch jetzt gehörst du schon etwas länger zu Gott und bekommst feste Nahrung, die manchmal schwierig zu kauen ist.

Die Schritte, die wir im Glauben tun, sind nicht immer easy. Es kann sein, dass du dich verschluckst oder Schluckauf bekommst. Du bist frustriert, weil du so wenig Fortschritt erkennst, oder du kannst manches noch nicht mit deinem Leben in Verbindung bringen.

Aber Gott hat alles im Blick und wird dafür sorgen, dass du in der richtigen Richtung unterwegs bleibst.

Gott ist der Gärtner, Jesus ist der Weinstock, und du bist die Rebe am Weinstock. Gottes Geist lässt die Frucht an der Rebe – also in dir – wachsen. Sein Heiliger Geist ist es, der in dir lebt und dir auf deinem Weg hilft.

Ja, Gott hilft uns, nicht ewig wie ein Baby dazuliegen, das gefüttert werden muss, sondern nach und nach aktiv zu werden. Er hilft uns, dass wir uns aufrichten und stehen lernen. Und dann werden wir herumlaufen und rennen, springen und hüpfen. Wir werden auch stolpern und hinfallen, ja. Aber mit jedem Schritt, den wir tun, werden wir sicherer, und nicht auf die Idee kommen, wieder zu den Baby-Schritten zurückzukehren. Bei jedem Stolperer können wir auf Gott schauen. Wie ein liebender Papa hilft er uns wieder auf. Immer und immer wieder.

Doch die feste Nahrung ist für die Erwachsenen bestimmt, und damit sind die gemeint, die ihre Sinne durch ständige Übung geschult haben und dadurch fähig sind, Gutes und Böses zu unterscheiden.

HEBRÄER 5,14; DB

Halte deinen Blick auf Gott gerichtet, damit deine Glaubenswurzeln stark werden.

86

Herzkontrolle

Hast du schon mal was gesagt, das deine Mitmenschen schockiert hat? Und das dich auch selbst schockiert hat? Hast du dich dann gefragt, woher diese Bitterkeit gekommen ist? Mein Mund hat mich verraten, und ich weiß nicht so genau, warum ich das gesagt habe. Das war einfach nur so ein Ausbruch, und ich wusste gar nicht, dass ich so geladen war.

– Das Mädchen, das einfach explodiert ist

Hey du Liebe,

oft merken wir gar nicht, welcher Groll in uns schwelt. Manchmal merken wir nicht, dass wir verletzt sind. Die Verletzungen nehmen in uns immer mehr Raum ein und haben irgendwann Einfluss auf das, was wir sagen, und später dann auf unser alltägliches Leben. Der Mund spricht aus, was wir tief in uns drin empfinden. Unversöhnlichkeit kann Hass entstehen lassen. Wir können Neid, Eifersucht, Ohnmacht, Angst, Wut, Zorn empfinden – die Liste kann man fortsetzen. Alle diese negativen Empfindungen wollen dir deine Kraft rauben und deine ganze Aufmerksamkeit binden.

Vielleicht ist dir noch gar nicht so bewusst, welche Macht Gefühle haben. Negative Gefühle können negative Gedanken erzeugen. Und negative Gedanken haben Einfluss auf dein Handeln und auf das, was du sagst. Nimm dir doch mal Zeit, um dich mit deinen Gefühlen zu beschäftigen. Welches ungute Gefühl nagt in dir? Bitte Gott, dir zu helfen, dieses Gefühl zu entlarven und dir zu zeigen, was die Ursache ist. Gott sieht das, was in deinem Herzen ist. Vielleicht ist da Zorn? Zerbrochenheit? Stolz? Lass nicht zu, dass deine negativen Empfindungen dein Handeln und deine Worte bestimmen. Bring deine negativen Gefühle zu Gott uns lass dich davon befreien.

Erforsche mich, Gott, und erkenne mein Herz,
prüfe mich und erkenne meine Gedanken. Zeige mir,
wenn ich auf falschen Wegen gehe, und führe mich
den Weg zum ewigen Leben.

PSALM 139,23-24

Gott kann und will dich von negativen Gefühlen frei machen.

87

Engagement hinter den Kulissen

Ich habe ziemlich intensiv an diesem besonderen Projekt gearbeitet, und ich würde gern das Ergebnis präsentieren. Aber genau das ist das Problem: Ich bin immer noch nicht fertig. Es ist schwierig, wenn man nicht so schnell was vorzuweisen hat. Das sind die Leute ja durch Social Media gewohnt. Jeder postet dort permanent seine neuen Podcasts, Videos, Blogs und kreativen TikToks. Von mir kommt nichts, obwohl ich hinter den Kulissen doch so viel tue.

– Das Mädchen, das noch nichts vorzuweisen hat

Hey du Liebe,

vier Dinge solltest du nicht vergessen:
1. Vergleiche dich nicht mit anderen, weder auf Social Media noch offline.
2. Gott sieht alles, wo du deine Kraft und Zeit gerade reinsteckst.
3. Bei einem Projekt ist eine gute Vorbereitung genauso wichtig wie die Umsetzung.
4. Gott wirkt in dir, während du auf das fertige Ergebnis hinarbeitest.

Projekte umsetzen, Lernstoff verinnerlichen, eine Prüfung oder ein Referat vorbereiten, die Arbeitsstelle oder wofür auch immer du deine Kräfte aufwendest – all diese Sachen sind wichtig. Du brauchst keine Likes, Kommentare und Retweets, denn du machst all das doch nicht, um von anderen Applaus zu bekommen, oder? Und: Manche Projekte brauchen einfach Zeit, bis sie präsentiert werden können.

Von außen betrachtet hast du vielleicht nicht viel vorzuweisen. Und vielleicht glaubst du das auch selbst. Aber vertraue darauf, dass dein Einsatz nicht unbemerkt bleibt. Gott sieht dich.

Er sieht, was hinter den Kulissen geschieht, wie du dich investierst. Das kann dich ermutigen, dranzubleiben und nicht in die Falle zu tappen, dich mit anderen zu vergleichen. Gott wird am Ende zu dir sagen: „Gut gemacht!"

Bleibt fest im Glauben, liebe Freunde. Setzt euch mit aller Kraft für Gottes Sache ein, denn ihr wisst ja, dass nichts, was ihr für ihn tut, vergeblich ist.
NACH 1. KORINTHER 15,58

Die Früchte deiner Mühe werden nicht ungesehen bleiben, und Gott wird damit großgemacht.

88

Keine Ausreden mehr!

Es ist alles ein großer Spaß, bis du auf frischer Tat ertappt wirst. Aber ganz ehrlich, ich bin doch hier nicht die Böse! Immer wieder lasse ich mich in ihre Spielchen verwickeln, und am Ende bin ich diejenige, die dann später den Ärger bekommt, die immer verliert. Die anderen sind doch schuld an dem ganzen Schlamassel!

– Das Mädchen, das nicht gern Verantwortung übernimmt

Hey du Liebe,

der Gruppendruck ist oft groß, und wir werden manchmal in etwas mit hineingezogen, dass wir eigentlich gar nicht wollten. Wir machen mit bei einem „Spielchen", und können hinterher nicht einfach sagen, nur die anderen haben falsch gehandelt. Unser erster Impuls ist meist, uns zu rechtfertigen und die Schuld auf die anderen, die Situation, das Wetter oder sonst was zu schieben. Bestimmt kennst du die Story aus der Bibel: Nachdem Adam von der Frucht vom Baum der Erkenntnis gegessen hatte, schob er die Schuld auf seine Frau Eva. Und Eva schob die Schuld auf die Schlange.

Aber es ist immer gut, zu dem zu stehen, was wir verbockt haben. Gott weiß genau, wie wir in diese schwierige Situation hineingeraten sind, und er freut sich, wenn wir zu unserem Fehlverhalten stehen. Das ist immer der erste

Schritt. Der zweite ist: die Sache aufrichtig zu bereuen und um Verzeihung zu bitten – Gott und den betreffenden Menschen. So wird der Weg frei für Gottes Vergebung.

Das alles bewahrt uns allerdings nicht vor den Konsequenzen unseres falschen Tuns. Enttäuschtes Vertrauen wird nicht einfach auf Knopfdruck wiederhergestellt, manchmal müssen wir für den entstandenen Schaden aufkommen und manche Dinge im Leben lassen sich nicht mehr reparieren. Gott wendet sich uns trotzdem mit Liebe zu und hilft uns.

Egal, was du getan hast oder wie schlimm die Situation ist, in die du hineingeraten bist: Veränderung ist immer möglich! Gott wird dir wie ein liebender Vater seine Liebe und sein Erbarmen schenken, wenn dir dein Fehltritt aufrichtig leidtut.

Doch wenn wir Gott unsere Sünden bekennen, ist er treu und gerecht, dass er uns vergibt und uns von allem Bösen reinigt.

1. JOHANNES 1,9

Auch wenn wir es so richtig verbockt haben: Bei Gott ist immer ein Neuanfang möglich.

89

Wenn Gott sagt: „Geh los!"

Ich will das doch gar nicht! Und jetzt hält mich auch mein Gewissen noch zum Narren und gaukelt mir vor, dass ich mir das Drängen, das ich empfinde, nur einbilde. Aber wenn dieser Gedanke – der mir echt nicht gefällt – wirklich mein eigener ist, kann ich nicht einfach so weitermachen. Ich hätte kein Problem damit, es nicht zu tun; ich hätte deswegen keine Schuldgefühle. Aber wenn das doch Gottes Idee ist, warum sollte er so etwas von mir erwarten? Aus welchem Grund?

– Das Mädchen, das die Botschaft nicht versteht

Hey du Liebe,

Gott möchte keine Verwirrung stiften. Wenn du etwas nicht verstehst, dann frag doch einfach nach. Wenn ich in mir ein Drängen spürte, eine bestimmte Sache zu tun, die mir jedoch irgendwie Unbehagen bereitet hat, war es meistens Gott, der mir den Auftrag dazu gegeben hat. Beispiel: Erst vor Kurzem kam mir der Gedanke, ich solle auf Instagram gehen und dort ohne irgendwelche Vorbereitungen ein Reel posten. Dabei solle ich mich ganz auf Gott verlassen. Also, wer mich kennt, weiß, dass es für mich eine Zumutung ist, ganz ohne Vorbereitung zu reden. Ich bin ein Mensch, der immer alles bis ins Kleinste plant. Dieser Gedanke war also eine echt fremde und herausfordernde Sache für mich.

Was soll ich sagen? Ich hab es am Ende tatsächlich gemacht – und erlebt, dass Gott mir zeigte, dass das, was ich sagen soll, bereits in mir ist. Und so wurde der Post wirklich kraftvoll und ich bekam viele dankbare Rückmeldungen. Wenn eine leise Stimme dir in Gedanken etwas zuflüstert, dann frage Gott, ob er das ist. Und wenn du das Gefühl hast, ja, dann vertraue darauf, dass er dich für jede Aufgabe, vor die er dich stellt, auch vorbereitet. Du musst nur den Mutschritt wagen und losgehen.

Gott erwartet von dir vielleicht nicht, ein Reel aus dem Ärmel zu schütteln oder eine Stehgreifrede zu halten, aber er möchte, dass du noch intensiver mit ihm lebst. Er wünscht sich, dass du Herausforderungen nicht ängstlich vermeidest und Hilfe bei ihm suchst.

Lass dich durch nichts davon abhalten, zu tun, was Gott dir sagt, auch wenn du es zum ersten Mal tust. Versuch nicht, dich davor zu drücken, sondern tue, was er dir zuflüstert, beziehungsweise geh los, wenn er dir die Zeichen schenkt, um die du gebeten hast. Es steht zu viel auf dem Spiel. Unser Zögern bringt uns keinen Zentimeter weiter!

Lehre mich, deinen Willen zu tun, denn du bist mein Gott. Dein guter Geist führe mich auf einem sicheren Weg.

PSALM 143,10

Lass dich von Gott durch seinen Heiligen Geist zu einem uneingeschränkten „Ja" bewegen!

90

Auf Schatzsuche

Ah! Ich habe das Gefühl, ständig etwas Größerem hinterherzujagen. Oder von diesem „Etwas" getrieben zu werden. Ich weiß aber nicht so genau, was es ist ... Mein Leben ist so vollgepackt mit so vielen Dingen. Aber irgendwie ist nichts dabei, was mich so wirklich richtig glücklich macht. Oder immer nur ganz kurz. Kann mir jemand weiterhelfen? Irgendwie stecke ich fest.

– Das Mädchen, das auf der Suche ist

Hey du Liebe,

Kinder lieben es, auf Schatzsuche zu gehen. Ging es dir auch so? Als Kinder waren wir oft auch auf der Suche nach dem passenden Puzzleteil. Doch auch später im Leben suchen wir ständig nach dem einen Teil, das passt. Denn wir wissen instinktiv, dass das Leben mehr für uns bereithält. Dass da noch etwas ist, das uns fehlt. Und das ist auch so. Gott hat uns nämlich eine Sehnsucht ins Herz gelegt, die Sehnsucht nach der Ewigkeit. Im Buch Prediger 3,11 (NL) heißt es: „Gott hat allem auf dieser Welt schon im Voraus seine Zeit bestimmt, er hat sogar die Ewigkeit in die Herzen der Menschen gelegt. Aber sie sind nicht in der Lage, das Ausmaß des Wirkens Gottes zu erkennen; sie durchschauen weder, wo es beginnt, noch, wo es endet."

Du siehst also, du brauchst das Problem nicht bei dir zu suchen. Die Leere in dir ist Absicht; sie kann nur mit etwas gefüllt werden, das größer ist als die Dinge in dieser Welt. Und du hast die Wahl. Nicht wenige Menschen entscheiden sich, das innere Sehnsuchtsloch mit Beziehungen, Geld, Arbeit oder coolen Abenteuern zu stopfen, oder sie suchen Erfüllung darin, sich selbst in den Mittelpunkt zu stellen. Aber würdest du ein Puzzleteil, das überhaupt nicht passt, mit Gewalt in ein Puzzle einsetzen und drehen und drücken, damit es schließlich halbwegs passt? Ich ehrlich gesagt nicht. Ich möchte mein Leben lieber mit der einen Sache füllen, die genau dafür bestimmt ist. Unsere Schatzsuche wird erst zu Ende sein, wenn wir Gott, unseren Vater, gefunden haben.

Jesus erwiderte: „Wenn die Menschen dieses Wasser [aus dem Brunnen] getrunken haben, werden sie schon nach kurzer Zeit wieder durstig. Wer aber von dem Wasser trinkt, das ich ihm geben werde, der wird niemals mehr Durst haben. Das Wasser, das ich ihm gebe, wird in ihm zu einer nie versiegenden Quelle, die unaufhörlich bis ins ewige Leben fließt."

JOHANNES 4,13-14

Jesus löscht unseren Durst nach Mehr –
vollständig und für immer.

„Hilfe, alles wächst mir über den Kopf!"

Ich bin eine Draufgängerin, aber auch eine Perfektionistin und nicht gerade der geduldigste Mensch. Das ist manchmal eine schwierige Kombination. Ich möchte meine Aufgaben gern perfekt erledigen und suche immer nach kreativen Verbesserungen, aber das ist anstrengend. Dieses Projekt fordert mich sehr, und ich habe das Gefühl, alles allein machen zu müssen. Gestern Abend war ich wieder mal allein. Keiner aus meiner Gruppe ist gekommen, um mich zu unterstützen. Bei der Arbeit habe ich ständig die Uhr im Blick, und ich kann nicht einmal mehr richtig ausruhen. Ich zwinge mich, die Ideen, die mir kommen, weiterzuentwickeln, aber sobald ich unter der Dusche stehe, ist meine Inspiration verflogen. Ich bleibe bis spät auf, doch am Ende bin ich unzufrieden mit meiner Arbeit. Ich wünschte, ich hätte mehr Zeit für meine Ideen. Und ich wünschte, ich könnte mit all den anderen kreativen Menschen auf Social Media mithalten.

– Das Mädchen, für das das Tun wichtiger ist als das Ausruhen

Hey du Liebe,

ich kann dich gut verstehen. Auch ich denke, dass man bestimmte Dinge einfach erledigen muss, wenn sie dran sind. Aber du solltest aufpassen, dass du dich nicht verzettelst. Du stehst dir selbst im Weg, wenn du dich zu sehr engagierst.

Tritt mal einen Schritt zurück und lass Gott deinen Zeitplan gestalten. Ich weiß, ich weiß, das klingt verrückt. Wir meinen oft, wir könnten uns den Luxus einer Pause nicht leisten, aber du brauchst ja nicht gleich einen Wellness-Urlaub zu machen. Du kannst dir ganz leicht etwas Gutes tun. Leg mal deinen Stift, deine Tastatur, deine To-Do-Liste zur Seite und atme tief durch. Damit legst du bewusst alles, was dir Stress bereitet, in die Hände Gottes, der dich liebt. Wir Menschen sind oft immerzu aktiv und gestatten uns nicht, einfach nur mal ZU SEIN. Aber Gott möchte, dass wir LEBEN. Dazu gehört auch, nicht ständig zu arbeiten oder ständig irgendetwas zu tun. Gott möchte, dass wir seinen Frieden und seine Fülle voll und ganz auskosten. Er will nicht, dass wir immer versuchen, auf dem neusten Stand zu sein oder alles bis zur Perfektion treiben und durch unseren Alltag hetzen, sondern, dass wir offen sind für ihn und auf das hören, was er uns sagen möchte. Drück mal auf die Pausetaste und überleg dir, was in deinem Leben gerade zu kurz kommt. Dein Freundeskreis? Deine Familie? Deine Beziehung zu Gott? Das Ausruhen und Genießen? Sei ehrlich mit dir selbst. Gib alles an Gott ab, und dann relax mal ausgiebig!

Werdet doch still und erkennt, dass ich Gott bin!

PSALM 46,11; DB

Gott will dir Ruhe schenken.

92 Freundschaftskummer

Eine gute Freundin hat mich im Stich gelassen. Ausgerecht von ihr hätte ich das nie gedacht! Unsere Freundschaft war großartig, und ihr Verhalten hat mich echt schwer getroffen. Wir haben miteinander gebetet, uns von unseren Problemen und Erfahrungen erzählt – sie war wie eine Schwester für mich. Plötzlich hat sie sich mir gegenüber ganz merkwürdig distanziert verhalten. Ich war irritiert und hab sie gefragt, was denn los sei. Sie lächelte mich an und antwortete, alles sei in Ordnung, aber es war nicht zu übersehen, dass das nicht stimmte. Dass die Freundschaft kaputt ist, kann ich wohl nicht mehr ändern. Das muss ich so hinnehmen. Aber ich würde wirklich gern verstehen, warum sie nicht mehr mit mir befreundet sein möchte.

– Das Mädchen, das gern verstehen möchte

Hey du Liebe,

es tut mir leid, dass du diesen Schmerz gerade erleben musst. Das Verhalten anderer Menschen können wir nicht immer verstehen, und wir bekommen auch nicht immer auf alles eine Antwort. Manchmal gehen Beziehungen leider in die Brüche, oft auch, ohne dass wir einen Grund dafür sehen. Manchmal ist auch einfach die Zeit gekommen, getrennte Wege zu gehen – weil die Beziehung nicht mehr passt.

Lass los, wenn eine Freundschaft zu Ende gegangen ist – oder erst mal „auf Eis" liegt. Deine Freundin wird ihre Gründe haben, vielleicht persönliche Probleme, die sie erst mal lösen will. Vielleicht erzählt sie dir später davon, falls sie bereit dazu ist. Du hast getan, was du konntest; du hast ihr die Hand entgegengestreckt und nachgefragt. Suche nicht krampfhaft nach einem Grund für den Bruch, wenn sie dir keine Erklärung gibt. Gib deinem Schmerz Raum – bring ihn zu Gott. Er versteht dich! Und versuche, ihr zu verzeihen und für sie zu beten.

Gott wird dir in deinem Leben ganz bestimmt Freundschaften schenken, die Bestand haben; Freundinnen, die voll und ganz zu dir stehen. Gott weiß, dass du treue Freundinnen brauchst, damit du tun kannst, was er dir aufgetragen hat. Und das Beste ist: Gott ist immer offen und ehrlich zu dir, ist dir nahe und hält zu dir. Er ist ein treuer Freund – für immer.

Jesus sagte zu seinen Nachfolgern: „Ich gebiete euch, einander genauso zu lieben, wie ich euch liebe. Die größte Liebe beweist der, der sein Leben für die Freunde hingibt. Ihr seid meine Freunde, wenn ihr tut, was ich euch auftrage. Ich nenne euch nicht mehr Diener, weil ein Herr seine Diener nicht ins Vertrauen zieht. Ihr seid jetzt meine Freunde, denn ich habe euch alles gesagt, was ich von meinem Vater gehört habe."

JOHANNES 15,12-15

Mit Jesus hast du einen Freund an der Seite, der dir ewig treu bleibt. Keine Macht der Welt kann dich von ihm trennen.

Offene Türen

Ich habe die Gelegenheit verpasst! Ich hätte das Angebot annehmen sollen, als ich die Möglichkeit dazu hatte, aber jetzt ist die Chance vertan. Schon lange habe ich das Gefühl, dass mir die Türen vor der Nase zugeschlagen werden. Und jetzt habe ich mir auch diese Gelegenheit durch die Lappen gehen lassen. Wie konnte ich nur?!

– Das Mädchen, das sich mit Selbstvorwürfen quält

Hey du Liebe,

wenn sich vor dir eine Tür schließt, kann man das auch positiv sehen: Vielleicht war es nicht die Tür, durch die du gehen solltest. Mach dir nicht länger Vorwürfe. Auch, wenn du das Gefühl hast, da war eine Chance für dich, und du hast sie verpasst. Gott hat alles im Blick, auch deinen Lebensweg. Wenn du in seiner Nähe bleibst, wird er dir helfen, die richtigen Türen zu finden – und die wird er für dich zum richtigen Zeitpunkt öffnen. Manchmal erscheinen Dinge auch richtig gut – alles scheint perfekt zu passen – und trotzdem ist es nicht die Tür, die Gott für dich vorbereitet hat. Vielleicht hast du schon mal erlebt, dass im Nachhinein betrachtet ein Weg viel besser war als ein anderer, weil du auf dem anderen Weg garantiert nicht die Personen getroffen hättest, die später wichtig für dich geworden sind. Deshalb ist es wichtig, im Austausch mit Gott zu bleiben, und mit ihm zusammen Entscheidungen zu treffen.

Du wirst im Leben nichts verpassen, weil er alles, was er für dich bereithält, schon jetzt vorbereitet. Auch der Platz, an dem du gerade stehst, ist kein Zufall. Für den Moment bist du am richtigen Ort, auch wenn sich das vielleicht für dich total falsch anfühlt. Mach das Beste aus deiner jetzigen Situation und schau nicht ständig, was danach kommen könnte.

Frag dich doch mal: Was ist bei dir gerade gut so, wie es ist? Bleib mit Gott im Gespräch; frag ihn, was für dich dran ist. Sag ihm, was du dir wünschst. Gott hat dir seinen Geist geschenkt, der dich leiten will. Wenn du nach Gottes Willen fragst, wirst du immer in die richtige Richtung gestupst werden, im für dich passenden Tempo.

[Jesus erzählte über sich selbst:] Die Schafe hören die Stimme ihres guten Hirtens; er ruft jedes von ihnen mit Namen und führt sie auf die Weide. Wenn er alle seine Schafe auf die Wiese gelassen hat, geht er vor ihnen her. Die Schafe folgen ihm, denn sie kennen seine Stimme. Einem Fremden aber folgen sie nicht, [...] denn sie kennen die Stimme des Fremden nicht.

NACH JOHANNES 10,3-5

Gott hat dich im Blick – er leitet dich, wie ein guter Hirte seine Schafe. Vertrau ihm!

Konkurrenz-Probleme

Ich erzähle meiner besten Freundin nicht gern von meinen Erfolgen, denn ich habe sehr schnell gemerkt, dass sie bei einer der seltenen Gelegenheiten, wo ich meine Begeisterung einfach nicht im Zaum halten konnte, gezwungen gelächelt und dann sehr schnell das Thema gewechselt hat. Aber ich habe meine Erfolge jetzt schon so lange für mich behalten, dass ich nicht mehr länger weiß, wie ich allein für mich feiern soll. Ich würde das so gern zusammen mit ihr feiern!

– Das Mädchen, das sich jemanden wünscht, der sich mit ihr freut

Hey du Liebe,

wie wundervoll ist es doch, dass wir alle ganz unterschiedlich leuchten. Jeder hat seine Stärken, und jeder ist auf einem anderen Gebiet richtig gut. Wenn deine Freundin sich nicht mit dir freuen kann, dann ist sie wahrscheinlich neidisch auf das, was du erreicht hast. In dir sehen die Menschen etwas, was nach außen strahlt – und vielleicht ist es so, dass einige dich deshalb bewusst oder unbewusst ablehnen. Leider erleben wir das manchmal auch bei Menschen, die uns sehr nahestehen. Nicht jeder ist bereit, alle Konkurrenzgedanken beiseitezulegen, und manchmal können sie vielleicht auch gar nicht anders. Eifersucht und Unsicherheit halten sie gefangen.

In der Bibel steht: „Gelassenheit verlängert das Leben; Eifersucht aber zerstört es (Sprüche 14,30; NL). Neid ist nicht unbedingt immer etwas Schlechtes; es gibt auch eine Art „guten Neid", der ein Ausdruck dafür ist, dass man den anderen für seinen Erfolg bewundert und sich von seinem Erfolg anspornen lässt. Aber Eifersucht ist immer egozentrisch und schadet Beziehungen.

Gott wünscht sich von uns, dass wir auch die Menschen lieben, mit denen wir Schwierigkeiten haben. Sag deiner Freundin, dass dich ihr neidisches Verhalten irritiert – aber nimm ihre Reaktionen nicht persönlich. Sie hat ein Problem mit dem Thema Neid – nicht du. Wie könntest du deiner Freundin zeigen, dass du sie wertschätzt? Vielleicht ist es ja möglich, dass ihr gemeinsam schauen könnt, in welchen Bereichen sie richtig gut ist. Und: Bete für sie – und bitte Gott um Menschen, mit denen du deine Erfolge feiern kannst.

Manche sogenannten Freunde richten sich gegenseitig zugrunde, doch ein wahrer Freund ist treuer als ein Bruder.

SPRÜCHE 18,24

Gott hat dich geschaffen, ein Licht für diese Welt zu sein – und auch in deinen Beziehungen sein Licht leuchten zu lassen.

95

Steig aus der Jammerschleife aus

Es ist einfach nicht fair – mein Leben ist nicht fair! Noch nie sind die Dinge so gelaufen, wie ich es mir vorgestellt habe. Mir gelingt einfach gar nichts! Ich habe mit jeder Kleinigkeit Schwierigkeiten. Alle anderen haben Erfolg im Leben, nur ich komme gerade so halbwegs über die Runden. Ich habe das so satt. Alles regt mich auf! Und das Wetter draußen macht es nur noch schlimmer. Lasst mich doch alle in Ruhe …

– Das Mädchen mit der langen Liste von Klagen

Hey du Liebe,

oh, du scheinst gerade mächtig frustriert zu sein! Manchmal gibt es diese Alles-ist-doof-Tage. Gott hat dich geschaffen mit komplexen Gefühlen, und er findet es gut, wenn du sie zum Ausdruck bringst. Du kannst zornig und frustriert sein – es ist wichtig, auch solche Emotionen rauszulassen. Aber ständiges Jammern führt zu nichts und ist auch nicht gut für dich. Es zieht dich nur noch mehr runter. Wenn wir nicht aufpassen, sind wir sehr schnell in einer Negativspirale drin und lassen uns von den negativen Gefühlen immer weiter in den Sumpf ziehen. Manchmal jammern wir auch gern, weil Unzufriedenheit uns in gewisser Weise auch verbindet – zu einer „Gemeinschaft der Jammernden". Doch das ist nichts, wozu Gott uns geschaffen hat. Ich glaube, er ist traurig, wenn wir nur noch rummeckern und an allem etwas auszusetzen haben. Denn erstens verallgemeinern wir gern: „Alles ist schlecht!", oder „Nie gelingt mir eine Sache!" – was objektiv gar nicht stimmt –, und zweitens treiben wir uns durch eine solche Einstellung geradezu in einen Zustand tiefer Unzufriedenheit. Und drittens: Eine pessimistische Weltsicht ist alles andere als ein gutes Vorbild für andere. Gott möchte nicht, dass wir in den Chor der Dauerjammerer einstimmen. Er schenkt uns jeden Tag so viel Gutes! Wenn du dich entscheidest, nicht im Selbstmitleid zu versinken, stärkst du dein Selbstvertrauen und wirkst anziehender auf andere. Also: Geh mit deinem Frust zu Gott – und lass dich von seiner Liebe verwandeln.

Tut alles ohne zu klagen und ohne kleinliche Streitereien. Dann zeigt ihr euch als echte Kinder Gottes, und niemand kann euch etwas vorwerfen! So lebt ihr inmitten einer völlig verdrehten und verbogenen Gesellschaft. Unter ihnen leuchtet ihr wie helle Sterne in der Welt, weil ihr die Botschaft des Lebens festhaltet.

PHILIPPER 2,14-15; DB

Selbstmitleid und Dauerjammern ziehen uns runter, eine positive Haltung stärkt uns und lässt uns attraktiver auf andere wirken.

96

Ist Jesus bei dir immer mit dabei?

Viele meiner Freunde sind keine Christen, aber das ist doch in Ordnung, oder? Ich meine, Jesus hat doch immer die Nähe von Menschen gesucht, die von der Gesellschaft der damaligen Zeit verachtet wurden, dann darf ich doch auch mit anderen Leuten meine Zeit verbringen. Ich habe unterschiedliche Freundesgruppen – in der Gemeinde die eine und in der Schule die andere – das alles kommt mir sehr entgegen. Es ist schön, für alle Aktivitäten die richtige Gesellschaft zu haben. So habe ich das Beste aus zwei Welten!

– Das Mädchen, das in zwei Freundeswelten lebt

Hey du Liebe,

ja, es stimmt, Jesus war ein Freund der Außenseiter. Er hat viel Zeit mit Menschen verbracht, die von den religiösen Führern der Juden und der damaligen Gesellschaft verachtet wurden: betrügerische Steuereinnehmer, Prostituierte, Bettler, Trunkenbolde. Er wollte mit ihnen zusammen sein – und sie hörten ihm zu, weil sie spürten, dass dieser Jesus ein echtes Interesse an ihnen hatte und sie liebte. Daher interessierten sie sich für ihn und seine Botschaft und waren offen für das, was er ihnen anzubieten hatte.

Die Leute im Umfeld dieser Außenseiter wunderten sich über die Kehrtwende derer, die in ihren Augen nur Looser waren. Durch deren neuerwachten Glauben an Jesus fühlten sie sich auf einmal angezogen und inspiriert. Wäre es nicht schön, wenn du auch eine anziehende Strahlkraft auf die Menschen um dich herum hättest? Ein Doppelleben zu führen – in der Gemeinde die Fromme zu sein und außerhalb der Kirche die Mitläuferin – ist nicht gut. Schau, dass du echt und authentisch bist, und nicht hier in die eine Rolle, dort in eine andere Rolle schlüpfst. Christsein umfasst das ganze Leben – samt Schule, Arbeit, Familie, Freizeit – und nicht nur bestimmte Bereiche. Sei kein „U-Boot-Christ"; verschweige nicht, an wen du glaubst.

Da machten die Pharisäer und Schriftgelehrten den Jüngern von Jesus heftige Vorhaltungen: „Wie könnt ihr nur mit diesem Abschaum essen und trinken?" Jesus antwortete ihnen: „Nicht die Gesunden brauchen den Arzt, sondern die Kranken. Ich bin gekommen, um Sünder zur Umkehr von ihren Sünden zu rufen, und nicht, um meine Zeit mit denen zu verbringen, die sich schon für gut genug halten."

LUKAS 5,30-32

Lass deine Freunde an deinem Lebensstil erkennen, wer Gott ist!

97

Außenseiter für Jesus

Ich werde immer komisch angeschaut und fühle mich als Außenseiterin. Wenn ich den Mund aufmache und sage, dass ich Christin bin, wird mir klar, wie feindselig diese Welt in Wirklichkeit ist. Ich habe es so satt, immer ausgegrenzt zu werden! Zwar ist meine Verzweiflung nicht so groß, dass ich versuche, mich anzupassen, aber in letzter Zeit habe ich mich häufiger gefragt, ob diese Sache mit dem christlichen Glauben es wert ist, dass man immer ausgegrenzt wird.

– Das Mädchen, das gern dazugehören möchte

Hey du Liebe,

dein Mut ist bewundernswert. Du versteckst dich mit deinem Glauben nicht und gibst deine Werte nicht auf. Und deshalb machst du leider schmerzhafte Erfahrungen. Ich fühle mit dir! Immer, wenn du dich als Außenseiterin fühlst, mach dir bewusst, wer du wirklich bist: eine von Gott unendlich Geliebte, seine Königstochter, die mit einem wertvollen Erbe beschenkt ist. Und das kann dir niemand nehmen. Wir gehören zu einem König, der uns als Vater liebt und gleichzeitig die ganze Welt in seiner Hand hat. Richtig krass, oder? Auch ich muss mir immer wieder bewusst machen: Unser Glaube ist ein Schatz, der wertvoller als alles Gold dieser Welt ist und niemals an

Wert verliert. Gott hat uns zugesagt, uns nie zu verlassen und uns immer beizustehen.

Und weil wir seine Kinder sind, macht er uns in der Bibel auch deutlich, dass wir zwar in dieser Welt leben, aber hier nicht unsere Wurzeln schlagen sollen. Damit meint er, dass wir uns klar positionieren sollen in einer Welt, in der die Grenzen des Anstands, der Moral, der sozialen Normen immer mehr verschwimmen. Dieses Leben hier dauert nur eine begrenzte Zeit. Danach wartet auf uns eine wundervolle Ewigkeit im Himmel. Vergiss das nicht. Wir sind auserwählt, geliebt und gehören zu Gott. Der Himmel ist unser eigentliches Zuhause. Daher: Wundern wir uns nicht, wenn wir in dieser Welt Außenseiter sind – Outsider für die Sache von Jesus.

[Jesus sagte:] „Wenn ihr euren Ursprung in der Welt hättet, dann wäre es nicht so. Denn die von Gott getrennte Welt hat die lieb, die ganz zu ihr gehören. Weil ihr aber nicht in dieser Welt verwurzelt seid, sondern ich euch aus der Welt herausgelöst habe, deshalb hasst euch diese Welt."

JOHANNES 15,19

Wenn du dich als Außenseiterin fühlst, mach dir bewusst, wer du bist. Der Himmel ist dein Zuhause.

98

Rein sein im Herzen heißt nicht: perfekt sein

Du kennst sicher die Seligpreisungen. Dort heißt es, dass diejenigen, die ein reines Herz haben, Gott sehen werden (Matthäus 5,8). Aber ich glaube nicht, dass ich das je erleben werde! Ich bin einfach nur eine Katastrophe und ganz und gar nicht „rein" beziehungsweise perfekt!

– Das Mädchen, das sich selbst Druck macht

Hey du Liebe,

was, wenn ich dir sagen würde, dass nicht nur unsere Gesellschaft, sondern auch unsere Gemeinden den Begriff der Reinheit häufig missverstehen? David sagte in einem seiner Psalmen, rein zu sein bedeutet, aufrichtig das tun zu wollen, was Gott möchte. Der Apostel Jakobus schreibt, ein reines Herz sei ein ungeteiltes Herz; rein zu sein heißt, vorbehaltlos zu Jesus zu gehören. Ich selbst habe in meinem Leben gelernt, dass ein reines Herz zu haben heißt: bereit zu sein, sich verändern zu lassen, sich für Gott einzusetzen und seinen Willen zu tun. Dazu gehört die Bereitschaft, sich immer wieder von Gott prüfen, reinigen und führen zu lassen. Kein Mensch kennt deine dunkelsten Geheimnisse, Gedanken und Gefühle, aber Gott sieht dich als die Person, die du tatsächlich bist, und er kann damit umgehen. Jesus ist nicht gestorben, um unsere schlechten Angewohnheiten zu korrigieren. Er kam in diese Welt, um uns von Grund auf zu verändern.

Gott ist bei uns, wenn wir hinfallen, und hilft uns immer wieder auf. Keiner von uns ist perfekt, aber durch Jesus haben wir die Kraft, alles zu überwinden, was Gott nicht gefällt. Reinheit ist also nicht gleichzusetzen mit Perfektion! Denn perfekt und vollkommen ist nur einer: Jesus.

[Paulus schreibt an Timotheus:] „Das Ziel meiner Unterweisung ist, dass alle Christen von der Liebe erfüllt sind, die aus einem reinen Herzen kommt, aus einem guten Gewissen und aufrichtigem Glauben.

1. TIMOTHEUS 1,5

Hör auf, perfekt sein zu wollen. Das macht dir nur unnötigen Druck. Allein Gottes Geist kann bewirken, dass unser Herz aufrichtig ist.

Der große Sieg

Das, was gerade in der Welt passiert, macht mir große Angst. Wann immer ich die Nachrichten höre, nistet sich diese Beklemmung bei mir ein. Das letzte Buch der Bibel, die Offenbarung, lese ich schon gar nicht mehr. Was da drinsteht, klingt teilweise schon echt gruselig. Also, ich will nicht mehr erleben, dass das Leben für uns Christen unerträglich wird …

– Das Mädchen, das Angst hat vor dem, was kommt

Hey du Liebe,

das Leben ist kein Kinofilm, und das Gute ist: Wir wissen schon, was am Ende geschehen wird! Das Buch der Offenbarung will uns keine Angst machen, sondern uns trösten. Uns Hoffnung machen, durchzuhalten, weil am Ende der große Sieg steht: Jesus wird alles Leid und den Tod endgültig besiegen und vernichten. Es ist deswegen auch ein Buch, in dem Gott bejubelt und angebetet wird. Ja, wir Christen werden erleben, dass harte Zeiten kommen. Die Offenbarung wurde übrigens auch in einer Zeit verfasst, in der die Christen stark unter Druck standen und verfolgt wurden. Egal, was kommt: Wir gehören zu Jesus und brauchen vor nichts Angst zu haben, denn Gott hat uns versprochen, dass er an unserer Seite bleibt – und wir in Ewigkeit bei ihm sein werden.

Wir können uns jetzt nicht vorstellen, wie das Leben bei ihm einmal aussehen wird. Das übersteigt unsere Vorstellungskraft; wir kennen ja nur diese Welt hier. Der Gegenspieler Gottes, die dunkle Macht, die diese Welt fest im Griff zu haben scheint, freut sich, wenn du Angst hast. Aber Jesus hat alles Böse bereits besiegt, durch sein Sterben und seine Auferstehung vom Tod. Und eines Tages wird er das Böse und alles Leid endgültig vernichten. Im Buch der Offenbarung bekommen wir einen kurzen Blick in die himmlische Welt, die so schön ist, dass wir es uns kaum vorstellen können. Bitte Gott, in dir die Freude darauf zu wecken. Bete darum, dass du ihn mehr liebst als alles in dieser Welt. Bleib wachsam und lass die Liebe Gottes durch dich hindurchfließen – zu den Menschen in deiner Umgebung. Wir wissen nicht, wann Jesus wiederkommen wird, aber dass er kommt, um uns in unser ewiges Zuhause zu bringen, kann uns ermutigen und trösten.

Gott wird alle ihre Tränen abwischen, und es wird keinen Tod und keine Trauer und kein Weinen und keinen Schmerz mehr geben. Denn die erste Welt mit ihrem ganzen Unheil ist für immer vergangen.

OFFENBARUNG 21,4

Wir wissen nicht, wann Jesus wiederkommen wird, aber er wird kommen, um uns zu sich zu holen.

100
Deine Belohnung im Himmel

Ich dachte, das höchste Ziel von uns Christen ist es, in den Himmel zu kommen. Was habe ich da gehört, wir bekommen im Himmel eine Belohnung? Aber wenn ich die im Himmel vielleicht bekomme – für das, was ich hier getan habe, dann kann ich diese Belohnung ja auch verpassen, wenn ich mich nicht genug anstrenge, oder?

– Das Mädchen, das Gott nicht enttäuschen möchte

Hey du Liebe,

zuerst einmal möchte ich dich daran erinnern, dass wir ewiges Leben bekommen, wenn wir aus ganzem Herzen Ja sagen zu Jesus. Den Weg in den Himmel können wir uns nicht erarbeiten; wir sind gerettet durch Gottes Gnade, also durch seine bedingungslose Zuwendung und Liebe zu uns! Halte immer daran fest.

Und: Ich denke, die schönste Belohnung für uns ist es, in der Gegenwart Gottes sein zu dürfen! Gott liebt uns so sehr, dass er uns im Himmel darüber hinaus noch mehr belohnen will – dafür steht die Krone.

Was wir hier auf der Erde tun, ist ausschlaggebend für unsere Auszeichnung im Himmel. Im Neuen Testament lesen wir, dass Menschen, die sehr ausdauernd und leidenschaftlich für Gott gelebt haben, im Himmel die „unvergängliche Krone" (1. Korinther 9,25) bekommen werden. Menschen, die in Zeiten der Bedrängnis und

Verfolgung an Jesus festgehalten haben, bekommen die „Krone des Lebens". (Offenbarung 2,10). Die Christen, die beharrlich auf das Wiederkommen von Jesus warten, die „Krone der Gerechtigkeit" (2. Timotheus 4,8); die „Krone des Ruhmes" diejenigen, die andere zum Glauben geführt und sich für Gottes Sache eingesetzt haben.

Also, es ist nicht völlig egal, wie du hier auf der Erde deinen Glauben lebst. Doch setz dich nicht unter Druck! Druck kommt niemals von Gott. Sei und bleib offen für das, was Gott dir sagen möchte – und dann tu, was er dir sagt. Das ist der beste Weg. Und wenn wir Fehler machen oder versagen, ist er geduldig und barmherzig mit uns, wie ein Papa mit seinem Kind. Er ist immer für dich da, egal, was du tust, und er freut sich, wenn du Fehler bereust und an ihm dranbleibst. Überlege doch mal, wie du Gott konkret eine Freude machen kannst.

[Paulus schreibt:] „Lauft so, dass ihr den Preis gewinnt! Jeder Athlet übt strenge Selbstdisziplin. Er tut das allerdings, um einen Preis zu erringen, dessen Wert verblassen wird – wir aber tun es für einen ewigen Preis."

1. KORINTHER 9,24-25

Lebe für Gott – und lass dich dabei von ihm selbst leiten.

Es gibt keine andere
Hälfte; in Gott bist du
vollständig.

Schlusswort:
Ein Segen für dich

Nichts kann uns von seiner Liebe trennen. Weder Tod noch Leben, weder Engel noch Mächte, weder unsere Ängste in der Gegenwart noch unsere Sorgen um die Zukunft, ja nicht einmal gottfeindliche Kräfte können uns von der Liebe Gottes trennen.

RÖMER 8,38

Hey du Liebe,

geh mit erhobenem Haupt hinaus in diese Welt und richte deine Krone. Der König aller Könige hat dich zu seiner Königstochter gemacht. Er ist der Herr deines Lebens. Er schaut dich in Liebe an und will, dass es dir gut geht. Sein Wort macht dich mutig und stark, und wenn du dich allein fühlst, wird sein Heiliger Geist dich trösten, stärken und dir den Weg zeigen.
Er wird dich tragen und für dich da sein.
Er wird bei dir sein in den schlimmsten Stunden und auch in den schönsten Stunden.
Er wird dich niemals verlassen.
Er wird dich führen und dir Gnade schenken.
Er wird dich erlösen und von deinem Schmerz befreien.

Er wird die Lücke ausfüllen, wenn dich jemand verlassen oder enttäuscht hat.

Er wird dich lieben, jetzt und bis zu deinem letzten Atemzug – und darüber hinaus bis in alle Ewigkeit. Wenn du Schwierigkeiten erlebst, habe keine Angst, denn er ist bei dir. Erschrecke nicht, denn du dienst einem allmächtigen Gott.

Er wird dir Kraft geben und dir helfen, er wird dich mit seiner rechten Hand festhalten (siehe Jesaja 41,10). Er freut sich an dir, seiner Tochter. Er ist sprachlos ergriffen vor Liebe und jauchzt mit lauten Jubelrufen über dich (siehe Zefania 3,17).

Er ist ein Gott, der dich sieht (siehe 1. Mose 16,13).

Er ist der Gott, der dich segnet und sein Licht über dir leuchten lässt (siehe 2. Mose 34,6).

Er ist der Herr, der dich befreit, dich heil macht und alle deine Bedürfnisse erfüllt.

Er ist ein alles verzehrendes Feuer, aber auch dein Tröster und dein Freund, und ja, er ist dein himmlischer Papa.

Er kann es kaum erwarten, die Ewigkeit mit dir zu verbringen.

Hier in diesem Leben wird er treu an deiner Seite sein. Und Jesus wird eines Tages wiederkommen. Er lädt uns schon hier und jetzt in sein himmlisches Zuhause ein, in dem es viele Wohnungen gibt.

Ich wünsche dir, dass du an der Freude an Jesus festhältst, die du gespürt hast, als du dich zum ersten Mal für ihn geöffnet hast.

Gott segne dich!
Deine Tarah-Lynn

Verzeichnis der Andachten

Stichwortverzeichnis

Die Nummern hinter den Stichworten beziehen sich auf die
Nummerierung der Andachten.